HISTORIA DE LA FORMACIÓN DE LA CIUDAD DE MADRID DE 1700 A 1808

TOMO II

CARMEN PÉREZ AYANZ,
ALFREDO TIEMBLO MAGRO

HISTORIA DE LA FORMACIÓN DE LA CIUDAD DE MADRID DE 1700 A 1808

TOMO II

EDITORIAL DILEMA
MADRID 2024

Publicado por:
Editorial Dilema
Ibáñez Marín, 11
28019-MADRID
Teléfonos: 91 472 9071 / 670 367 479
info@editorialdilema.com
www.editorialdilema.com

Diseño de Portada: María Pérez-Aguilera - mariap.aguilera@gmail.com
Maquetación: JMPG - jmpg731@gmail.com
ISBN: 978-84-9827-655-8
Depósito Legal: M-7654-2024

Para Julio, Pilar y Óscar, ¡¡Vaya trío de disfrutones de Madrid!!

Índice

El marco histórico (1713-1808) 15

1. Madrid en la época de Felipe V (1700-1746) 25

Ordenanzas sobre higiene y urbanización (1700-1746) . 25
¡¡Váyase al quinto pino!! o ¡¡Está en el quinto pino!! . 26
Mesón de los huevos (1701-1741) 26
Caja de Ahorros y Monte de Piedad de Madrid (1702) 27
Teatro de los Caños del Peral (1708-1818) 27
Real Biblioteca (1711) 30
Humillladero de Nuestra Señora de la Soledad (1712) . 31
Real Academia de la Lengua (1713-1714) 32
Ermita de la Virgen del Puerto (1716-1718 / 1945-1951) . . 32
Bando de faroles / prohibición de armas (1717) 34
Cuartel de guardias de Corps (1717-1720) 35
Puente de Toledo (1718-1732) 37
Ordenanzas de Madrid ...(1719) 37
Iglesia de San Martín (1719) 40
Convento de clérigos agonizantes de Santa Rosalía (1720). 42
Museo de historia de Madrid (1721-1726) 42

Casa de Campo (desde 1723): 42
Casa de la plazuela de San Javier (1724) 48
Restaurante Botín (1725) 50
Casa-palacio de O'reilly (1725) 50
Ermita y puente de San Isidro (1725) 51
Palacio del duque del Infantazgo (1725-1750) 55
Pedro Ribera (1680-1742)
de teniente de obras a maestro de obras (1726) 55
Palacio de la duquesa de Parcent (1728-1729) 56
Escuelas Pías de san Fernando (1729) 57
Real Academia de la Jurisprudencia y la Legislación (1730) 58
Fuente de la Huerta de la Priora (1730-1760 aprox.) 59
Fachada de la iglesia de San Nicolás de los Servitas
1730-1768 aprox.) 60
Palacio de la Nunciatura (1730-1735) 62
Fachada del palacio de Miraflores (1731-1732) 63
Palacio de los duques de Santoña (1731-1742) 64
Palacio de Perales (1732) 65
Fuente de la Fama (1732) 66
Real Academia de la Historia (1735) 67
Teatro Príncipe (1735) 69
Palacio Real (1738-1764) 70
Última sede del Consejo Supremo de la *Inquisición*
(1735-1785) 73
Nunciatura Apostólica de San Miguel (1739-1745) 74
El segundo gran pósito de Madrid (1745) 77

2. Madrid en la época de Fernando VI (1746-1759)

Ermita de ¿San Fermín de los Navarros? (1746) 81
Iglesia de San José (1748) 81
Plaza de toros de la Puerta de Alcalá (1749) 83
Esculturas de diosas del parque del Retiro (1750): 84
La Regalía de Aposento. Planimetría general
de Madrid y visita general de casas (1750-1751) 87

Escultura de Fernando VI (1750-1752) 90
Puerta de Hierro (1751-1753). 92
Real Academia de Bellas Artes de San Fernando (1752)
/ Palacio de Goyeneche (1723 / 1774) 93
Iglesia de San Marcos (1753). 94
Iglesia y convento de las Salesas Reales.
Santa Bárbara (1758). 97

3. Madrid en la época de Carlos III (1759-1788)

Real Fábrica de Porcelanas del Retiro (1760). 103
Fachada de San Millán y San Cayetano (1761). 104
Reglamento del alumbrado de la ciudad (1761-1765). . . . 105
Jardines del palacio del príncipe de Anglona
(1761 aprox.). 106
Proyecto del Salón del Prado (1763): 107
I. Fuente de Cibeles (1777-1782). 111
II. Real Fábrica de Platería Martínez (1778) 113
III. Las Cuatro Fuentes del Prado (1781)
(copias de finales del siglo XX) 116
IV. Real Jardín Botánico (1781) 119
V. Fuente de la Alcachofa (1782) 122
VI. Gabinete de Historia Natural
(actual Museo del Prado) (1785) 123
VII. Real Observatorio Astronómico (1785). 125
VIII. Fuente de Neptuno (1786) 128
IX. Fuente de Apolo (1787-1803) 130
Creación de los serenos (1765) 132
Fuente de las Conchas (1765-1776 / 1782) 132
Reforma del antiguo palacio
del duque de Medinaceli (1765 aprox.). 133
Motín de Esquilache (1766) 134
Diputados del Común / Síndico Personero
el Común y Alcaldes de Barrio (1766-1768) 136
Casa-Palacio de Domingo Trespalacios (1768). 137

Real Casa de Correos (1768) 138
Real Casa de la Aduana (1769) 140
Reforma urbanística(1770) 142
Palacio de Liria (1771-1785). 143
Palcio de Bélgida (1771) 145
Palacio de la infanta Carlota (1772) 146
Palacio de Godoy (1775-1782). 147
Puerta de San Vicente (1775 / copia 1995)
/ Fuente de los Mascarones (1775-1781) 150
Palacio del marqués de Matallana
(Museo del Romanticismo) (1776). 152
Palacio de Buenavista (1777). 153
Puerta de Alcalá (1778) 155
Casa de Jovellanos (1782-1798) 156
Banco de España (1782):. 157
Cruz de la plaza de Puerta Cerrada (1783). 160
Real Basílica de San Francisco el Grande (1785) 161
Casa-Palacio de los condes de Torralba (1785). 165
Cuartel de San Gil (1789-¿?). 166
Casa de José Marchena (siglo XVIII) 167

4. Madrid en la época de Carlos IV (1788-1808)
Puerta del Olivar de Atocha (siglos XVIII-XIX) 171
Arco de Cuchilleros (1790) 172
Bando de Incendios (1790) 173
Real Fábrica de Tabacos (1790) 174
Vuelo en globo aerostático con fines benéficos (1792). . . 175
Palacio del conde de Tepa (1792) 176
Real Casa de Postas (1795-1800) 177
Palacio de la marquesa de Sonora (1797-1828). 178
Depósito Hidrográfico (1797). 179
Antigua Real Casa del Vidrio (1798). 180
Convento de las Salesas Nuevas (1798) 181
Ermita de San Antonio de la Florida (1798). 184

Casa-palacio de Antonio Barradas (1799) 186
Cárcel eclesiástica o cárcel de la Inquisición
(finales siglo XVIII) 187
Caballerizas Reales (finales siglo XVIII) 188
Alquiler de carruajes / Jerarquización de los paseos
de la Villa 189
Los Cafés 190
Motín de Aranjuez (1808) 190

5. Otras obras del siglo XVIII
Palacio del conde Torrijos (siglo XVIII) 193
Fuente de los Patos (siglo XVIII) 194
Instituto Lope de Vega (siglo XVIII) 194
Palacio Bauer (siglo XVIII) 195
Casa-palacio de la calle Amor de Dios 1
esq. Huertas (siglo XVIII) 196
Casa-palacio del conde de Miranda (siglo XVIII) 197

6. Conclusiones
Plano de la Villa y Corte (1800) 199

Bibliografía 203

El marco histórico (1713-1808)

Tras la devastadora derrota de Rocroi (1643) de manos de Francia durante la larga guerra de los 30 años (1618-1648) España comenzó a comprender que ya no era el país hegemónico indiscutible que, hasta entonces, había sido. Quedaría, pues, nuestro país, a partir de entonces, relegado a tercera potencia tras Inglaterra y Francia.

Carlos II, último rey la dinastía de los Austrias españoles, testó a favor de Felipe de Anjou como heredero de España y de todas sus posesiones el 2 de octubre de 1700 y casi un mes después, el 1 de noviembre, murió. De acuerdo con lo testado Felipe de Anjou, nieto de Luis XIV, rey de Francia, entró en Madrid el 17 de febrero de 1701 y fue proclamado rey bajo el nombre de Felipe V, con inmensa alegría de los ciudadanos de la villa de Madrid, el 8 de mayo de 1701 en san Jerónimo el Real.

Ante esta situación de absoluto dominio borbónico en Europa, el 7 de septiembre de 1701 se creó la denominada *Gran Alianza* que proclamó rey de España al archiduque Carlos de Austria bajo la denominación de Carlos III y, por lo tanto, declaró la guerra a la dinastía borbónica, es decir, al nuevo rey de España Felipe V y a su abuelo Luis XIV rey de Francia. Comenzó así la llamada *Guerra de Sucesión española* (1701-1714).

Tras varias batallas con diversos resultados en el escenario europeo, en 1703 los austracistas nombraron, de hecho, a Carlos III rey de España en Lisboa; la guerra se había trasladado a España. El 27 de junio de 1706 los austracistas entraban en Madrid y proclamaban rey a Carlos ante la absoluta frialdad y, en cierto sentido, beligerancia de los madrileños que se mantuvieron permanentemente y sin duda alguna, defensores de Felipe V tal y como su antiguo rey deseaba. El 4 de octubre de ese mismo año la guerra daba un giro y Felipe V volvía a entrar en Madrid con inmensa alegría, de nuevo para los madrileños. Pero esto no había acabado, pues el 28 de septiembre de 1710, volvía Carlos III a entrar en Madrid. En este caso las cosas fueron distintas, como respuesta a la frialdad madrileña, se llevó a cabo una brutal represión de la población, represión que los madrileños respondieron con violencia. Según Vaca de Osma estos sucesos pudieron ser comparables a los del 1808. Dos meses más tarde, el 3 de diciembre, y esta vez de forma definitiva, Felipe V fue recibido calurosamente, como rey, en Madrid. Con la toma de Barcelona y Mallorca por los borbones en 1714 la guerra finalmente había acabado.

En el tratado de Utrecht (1713) conseguía España colocar al rey dispuesto como heredero por Carlos II, pero a un precio muy caro: El futuro rey, Felipe V tenía que renunciar a toda aspiración al trono de Francia; se dieron ciertas concesiones comerciales en las colonias americanas al Reino Unido y se perdieron Menorca y Gibraltar, así como los territorios italianos. Con este sombrío panorama comenzaba el reinado del primer rey de la nueva dinastía Borbónica, Felipe V.

Felipe V (1700-1746)

Los tres principales objetivos de este primer rey, a la luz de la situación nacional, fueron los siguientes: 1. Conseguir el trono de Francia; 2. Recuperar Gibraltar y Menorca y 3. Recuperar los territorios italianos perdidos. El primer ministro encargado de ello fue Alberoni (1664-1752). Lo primero que se inició fue la conquista de Cerdeña. Pronto cayó en manos españolas (1717). Al año siguiente (1718) comenzó la invasión de Sicilia. En esta ocasión la reacción de las potencias europeas fue inmediata creándose una cuádruple alianza (Inglaterra, Francia, Holanda y Austria). Una escuadra inglesa destruyó la armada española.

La realidad se impuso y este y otros reveses militares terminaron en diciembre de 1719 con la caída de Alberoni y de su política excesivamente agresiva.

A partir de 1720 se inauguró un nuevo periodo en política exterior cuyo objetivo era el mismo, pero usando la vía diplomática. Se produjo entonces un acercamiento a Francia y se plasmó en un tratado de paz al que se unió posteriormente Inglaterra. Así continuaron las cosas, en este equilibro, cuando, por motivos que aún discuten los especialistas, Felipe V en 1724 abdicó en su hijo Luis I. Unos meses más tarde, en el mismo año de 1724 moría Luis I y Felipe V volvía a reinar.

El personaje más importante de los primeros años del segundo reinado de Felipe V fue el polémico Juan Guillermo Ripperdá (1680-1737), que, en política exterior inició un acercamiento a Austria firmando el, también polémico, tratado de Viena (1725). Este tratado fue visto por Inglaterra como una nueva amenaza para lo conseguido en Utrecht. El enfrentamiento fue inevitable. En 1728 (convenio del Pardo) se llegaba a un acuerdo que mantenía lo pactado en Utrecht íntegramente.

Comenzó así la tercera etapa del reinado de Felipe V, la etapa de José Patiño (1666-1736). Su objetivo fundamental fue la reconstrucción total de la mermada armada española que, entre otras cosas, debía garantizar el comercio ultramarino y la protección de las colonias americanas. Para ello se necesitaba un periodo de paz; y llegó con la firma en 1729 del tratado de Sevilla en el cual se afianzaron los lazos entre las tres potencias del momento: Inglaterra, Francia y España. En él se consiguió, además, la sucesión del infante don Carlos a los ducados de Toscana, Parma y Plasencia de los cuales tomo posesión en 1731. Y a mediados del año siguiente 1732, la reconquista de Orán, afianzando así España su poder en el Mediterráneo.

Cada vez divergían más los intereses británicos de los hispanofranceses sobretodo en los dominios coloniales americanos. Las amplias reformas de la armada que Patiño estaban llevando a cabo sembraron la natural desconfianza en el Reino Unido. La guerra no podía tardar.

La mecha la encendió un nuevo conflicto: La guerra de sucesión polaca (1733). La intervención española estuvo unida a la firma del *Primer Pacto de Familia* entre Francia y España. Todos los esfuerzos españoles se centraron en recuperar Nápoles y Sicilia, cosa que se consiguió de forma rápida (1734). Francia y Austria firmaron la Paz de Viena en 1735 que ponía punto y final a la guerra. El príncipe Carlos, futuro (Carlos III) fue reconocido definitivamente rey de Nápoles y Sicilia, así como de los puertos de Toscana.

Unos años más tarde, en 1739, cayó en manos de la armada española un contrabandista inglés perdiendo su oreja, fue éste, conocido como el episodio de la *Oreja de Jenkins.* Esta fue la chispa que reactivó de nuevo la contienda, las causas, dos: la recuperación de la armada española y el próximo fin de los privilegios comerciales que había conseguido el Reino Unido en el comercio con las colonias españolas.Otro episodio internacional, la guerra de sucesión austriaca hizo que ambas potencias, Francia y España, firmaran el *Segundo Pacto de Familia* (1743) Antes de que la nueva contienda finalizara murió el monarca.

Fernando VI (1746-1759)

Durante el inicio de su reinado ya se respiraban deseos de paz. En las negociaciones Madrid intervino muy activamente de la mano de Melchor Rafael de Macanaz (1670-1760). Sin embargo, los acuerdos adoptados en la llamada paz de Aquisgrán (1748) no contentaron en absoluto a España: se ignoraron los asuntos de Gibraltar y Menorca y se amplió el viejo acuerdo comercial británico de Utrech en las colonias por cuatro años más. A pesar de ello, el nuevo soberano, deseoso de la paz, aceptó las condiciones esperando otra ocasión que, seguro llegaría. Se abrió, así pues, un periodo de paz y de cierto equilibrio entre las tres potencias Inglaterra, Francia y España cuyo objetivo era, simplemente como ya sea dicho, la preparación para la siguiente contienda. El principal protagonista de esta política de neutralidad fernandina fue don Zenón de Somodevilla, marqués de la Ensenada (1702-1781) que, tal y como haría su antecesor, aprovechó la situación para llevar a cabo una serie de reformas administrativas y, sobretodo, la potenciación de la armada para proteger los territorios y el comercio con las colonias.

La historia se repetía y, como era de esperar, los ingleses, como en el caso de su antecesor Patiño, vieron con muchos recelos este plan armamentístico español, pero en esta ocasión tenían una baza: José de Carvajal y Lancáster (1698-1754), otro hombre fuerte del rey y ferviente defensor, por raíces familiares, de la amistad con Londres. El embajador británico Keene inició la labor a través de intrigas de conseguir, tras la muerte del propio José de Carvajal, el momento más delicado, la caída de Ensenada y que el programa armamentístico español se aparcara sine die.

En 1756 el problema más temido por las tres potencias, el enfrentamiento colonial directo explotó, tal y como se esperaba; comenzó la conocida como guerra de los siete años (1756-1763). Primero empezó como una confrontación estricta entre Francia e Inglaterra por las colonias del norte de América. Tuvo España tentadoras ofertas de ambos contendientes, pero su política de neutralidad se mantuvo, al menos hasta la muerte del rey.

Carlos III (1759-1788)

Para mantener la política de su antecesor en mitad de la contienda España se ofreció voluntaria para mediar entre ambas potencias. Era la contienda que ambos países esperaban de hace tiempo, ambas potencias se lo jugaban todo, por lo tanto, Inglaterra se mostró extremadamente agresiva con esa mediación; aparte de rechazarla también amenazó los territorios coloniales españoles. Madrid, en vista de la situación, pospuso la alianza todo lo que pudo para después firmar el *Tercer Pacto de Familia* (1761) con Francia. Acabó la guerra con la denominada paz de París (1763). Francia se llevó la peor parte puesto que perdió todos los territorios americanos que poseía; España, aunque en menor medida, también sufrió las tremendas consecuencias de la derrota: tuvo que entregar la colonia de Sacramento a Portugal y Luisiana al Reino Unido; Manila y La Habana, invadidas por británicos fueron devueltas a España, pero se retuvieron Gibraltar y Menorca y además exigió que los corsarios ingleses detenidos en sus dominios solo pudieran ser juzgados por jueces británicos.

A partir de 1763 se abrió un largo periodo de paz bajo la tutela británica encabezado por el genovés Jerónimo Grimaldi (1710-1789). Viendo el Reino Unido que su gran victoria había sido más por la mala estrategia hispano francesa que por los méritos británicos y observando la poca aportación de sus colonos a la contienda, el rey Jorge III (1760-1800) inició una política muy agresiva y poco hábil de mayor centralización de las mismas que empezó a crear los recelos de los colonos; las, cada vez mayores tensiones dieron como resultado la guerra de independencia de los Estados Unidos (1779-1783) y, con ella, para algunos especialistas, la revancha hispano francesa de la paz de París.

En 1776 accedía a la Secretaría de Estado española José Moñino, conde de Floridablanca (1728-1808) un extraordinario gestor de gobierno esencialmente realista y pragmático y sobre todo con un ambicioso proyecto de reforma del país. Tres años más tarde se iniciaba la guerra y en 1783 se firmaba la paz de Versalles. En este caso los británicos fueron los grandes perdedores, aunque no del todo: España recuperó Menorca, Florida y distintas posesiones del golfo de México, pero no fue posible recuperar Gibraltar. Unos años más tarde, en 1790, llegaba el imperio ultramarino español a su máxima expansión.

El triunfo de los rebeldes norteamericanos influyó en el futuro de las colonias españolas. Hasta la fecha había habido abundantes levantamientos indígenas que fueron, en general, mejor gestionados que los británicos por los administradores españoles, mucho más duchos en la contemporización, pero, tras la guerra americana, el germen de una independencia de la metrópoli empezaba a cuajar de forma mucho más contundente de la mano, sobre todo, de españoles allí afincados y una serie de torpezas españolas una generación más tarde, a principios del siglo XIX, comenzó a recoger sus frutos.

Tras la guerra, Floridablanca inició una política exterior encaminada a romper la subordinación con la diplomacia francesa sin poner en peligro, por supuesto, la alianza de ambos países. Para ello, aprovechando un periodo de paz largo inició acuerdos diplomáticos con diversos países diversificando su vínculo de alianzas: Portugal (1777), Rusia (renovación ampliada del llevado a cabo en 1761), Prusia (1780), Turquía (1782) entre otros en Europa, y en África, dos países clave desde el punto de vista geoestratégico: Marruecos y Argel (1785).

Carlos IV (1788-1808)

Tras la muerte de Carlos III ocupó el trono Carlos IV. Durante el primer año de su reinado continuó imparable esta labor de reformismo iniciada por Carlos III, pero el estallido de la revolución en Francia (1789) hizo convocar al nuevo rey unas cortes, las Cortes Generales del 30 de mayo de 1789 para decidir qué camino tomar. No se ignoraba el tremendo significado de este movimiento en el país vecino.

Floridablanca, todavía Secretario General en principio organizó, como respuesta al desafío revolucionario francés, toda una labor de censura de lo que atravesaba los Pirineos. En esta labor colaboró fervientemente el Santo Oficio. A finales de 1792 el viejo Secretario General fue sustituido por Pedro Pablo Abarca de Bolea y Ximénez de UrreaX conde de Aranda (1719-1798). El conde de Aranda fue ferviente partidario de no entrar en guerra directa contra el nuevo régimen francés pero hacer lo posible para salvar al rey de Francia Luis XVI. Esta actitud, por motivos muy discutidos entre los especialistas y también no muy claros desde el punto de vista histórico, provocó su destitución en el Consejo de Estado del 14 de marzo de 1794 así como posteriormente su proceso y destierro.

Su sucesor en el cargo fue Manuel Godoy (1767-1851). Continuó Godoy la misma política que Aranda pero todo fue inútil, Luis XVI fue guillotinado el 21 de enero de 1793. Poco después, el 7 de marzo, el nuevo gobierno francés declaraba la guerra a España por su apoyo a la monarquía francesa. En la contienda España fue constantemente derrotada, así pues, se firmó la paz de Basilea (1795).En ella Francia devolvía a España todas las conquistas francesas durante la guerra y, a cambio, España entregaba a Francia la isla de Santo Domingo así como algunas concesiones comerciales. Es a partir de estos momentos cuando el destino de España pasó a depender directamente de la diplomacia francesa. Ello se fue fraguando en sucesivos tratados:

1. Primer tratado de San Ildefonso (1796): En él se renovaron los pactos de familia y se obligó a España a luchar junto a Francia contra Inglaterra cada vez que se le solicitase. Poco después Francia declaró la guerra a Inglaterra. Esta guerra resultó desastrosa para España: pérdida de Trinidad y derrota en San Vicente (1797). Esta derrota consiguió hacer que los ingleses cortaran el tráfico entre España y sus colonias. Como consecuencia de este desastre Godoy perdió la confianza de Francia y del pueblo español. Ello forzó su dimisión (1798)
   Entre 1798 y 1801,año de la vuelta de Godoy al poder, pasaron fugazmente por el ministerio personajes de la talla Francisco de Saavedra (1746-1819), Gaspar Melchor de Jovellanos (1744-1811), Miguel Cayetano Soler (1746-1809) y mariano Luis de Urquijo (1769-1817). Todos ellos trataron de llevar a cabo en el país reformas inspiradas en la vieja política de Carlos III. Pero la guerra entre Francia e Inglaterra siguió: el 10 de noviembre de 1798 los ingleses volvieron a recuperar Menorca y un año más tarde, Napoleón Bonaparte se puso al frente de los destinos de Francia.

2. En 1800 se firmó el segundo tratado de San Ildefonso que corroboró al anterior. Destituido el último de los ilustrados, Urquijo, por desavenencias con Napoleón fue puesto en su lugar Mazarredo y después, sin desempeñar ningún cargo previo especial, retomó el poder Godoy (1801). En estos momentos Godoy, jefe militar español y el general francés Leclerc decidieron la ocupación militar de Portugal en represalia por el apoyo ofrecido por este

país a Inglaterra. Tras su ocupación se firmó la paz de Amiens (1802) en la que España recuperaba Menorca cediendo, a cambio, a Inglaterra la isla de Trinidad. Al año siguiente (1803) se reanudó la guerra. Esta guerra culminó con la estrepitosa derrota de la armada franco española en la batalla de Trafalgar (1805). España, definitivamente, perdería en esta batalla su categoría de tercera potencia militar y pasaría, a partir de ahora a potencia media.
En tierra el poderío de Napoleón era indiscutible, en mar era el británico. Por diversos motivos ambos países, Francia y España llegaron a la conclusión de que era necesaria la reconquista de Portugal y su dominio político. Durante un tiempo Godoy contempló alianzas con otros países tales como Portugal, Prusia o Rusia, pero una decisiva victoria de Napoleón en la batalla de Jena (1806) y, muy probablemente la presión francesa, le hizo decantarse definitivamente del lado francés. Esta toma de posición tuvo su reflejo en el tratado de Fontainebleau (1807).

3. Tratado de Fontainebleau (1807): En él se acordó de nuevo la invasión de Portugal. Como consecuencia de este tratado un ejército francés al mando de Junot penetró en España con el pretexto de ayudar a la conquista de Portugal. Quedó así España prácticamente bajo el control de Napoleón. Los verdaderos designios de Napoleón eran apoderarse de España. De ello se dio cuenta Godoy muy tarde; intentó llevar al rey a las colonias americanas pero el 17 de marzo de 1808 el pueblo se sublevó asaltando el palacio de Godoy. En ese mismo momento el monarca abdicó en su hijo Fernando (Fernando VII). Poco después Napoleón convocó en Bayona al nuevo rey. Tenía en ese momento Napoleón en España unos 100.000 soldados por lo que el rey decidió acudir a la cita. Al llegar allí el emperador francés obligó a Carlos IV a abdicar, no en su

hijo Fernando, sino en el hermano del emperador José, que se convirtió en José I (1808-1813). Con este reinado comenzaba la guerra de la independencia española y, posteriormente, la turbulenta historia del resto del siglo XIX español.

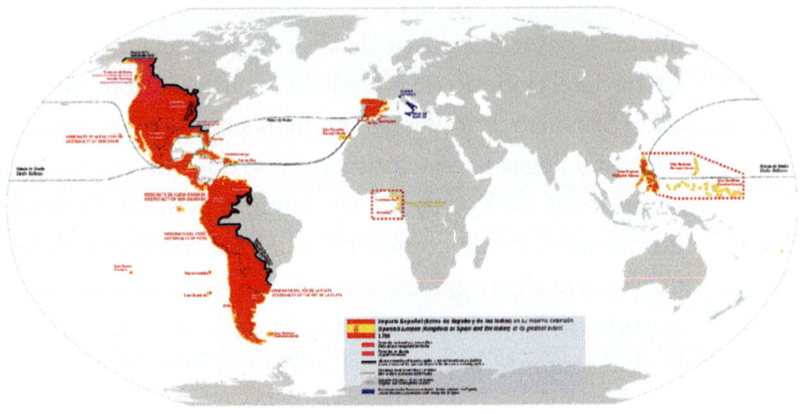

Imperio español en su máxima extensión (1790)

I

Madrid en la época de Felipe V (1700-1746)

ORDENANZAS SOBRE HIGIENE Y URBANIZACIÓN (PRINCIPIOS DEL SIGLO XVIII)

Ya desde los primeros momentos de su reinado Felipe V comienza a tomar medidas para hacer más viable la vida de los madrileños y de los no madrileños en Madrid. Se higieniza la ciudad, se reglamentan, tanto los mercados de abastos como los minoristas. El Concejo de Madrid dicta nuevas ordenanzas sobre higiene y repiten una y otra vez aquellas ya dictadas por anteriores corregidores que han sido progresivamente olvidadas: se recuerda a los vecinos que está prohibido arrojar las inmundicias a la calle desde balcones y ventanas sin previo aviso y menos aún las aguas mayores y menores. Brigadillas dependientes del Concejo comienzan a limpiar las calles más o menos sistemáticamente; ello se hace con carros tirados por mulas y asnos. Estas brigadillas no cobran nada del Concejo, son los propios vecinos los que, a cambio de mantener limpia sus calles, dan suntuosas propinas a los "basureros"; ni qué decir tiene que aquellos vecinos más rácanos mantienen sus calles mucho más sucias.

Hasta la fecha las calles de Madrid, en rigor, no eran tales; íbanse conformando a base de añadidos estructurales sin ningún tipo de orden ni concierto: aquí una casa solariega; allá un convento; más o menos cerca un pequeño cobertizo y un huerto; un pozo; una acequia etc. Es, solo a partir de 1700, cuando empiezan a urbanizarse de acuerdo con un plan trazado. He aquí algunos ejemplos de las primeras calles urbanizadas (tomamos, para mayor claridad del lector, los nombres de las calles actuales): Cava Baja (1700-1701); Costanilla de San Pedro (1701); Codo (1708); Costanilla de San Vicente (1710); Puerta del Sol (1715); Encomienda (1721); Relatores (1722); Paseo de Recoletos (1723); Preciados (1727); Carrera de san Jerónimo (1731); San Roque (1735); Plazuela de Herradores (1739); San Cipriano (1742); Rollo (1743); Turco (1744); Las Infantas (1747).

EL QUINTO PINO. ¡¡VÁYASE AL QUINTO PINO!! O ¡¡ESTÁ EN EL QUINTO PINO!! (PRINCIPIOS SIGLO XVIII)

También a principios del siglo XVIII el rey mandó plantar a lo largo del, hoy conocido como, eje Prado-Recoletos cinco hermosos pinos. El primero se ubicó en la actual estación de Atocha y el quinto, el más alejado, en la actual plaza de san Juan de la Cruz, al lado de los Nuevos Ministerios. A partir de entonces los madrileños los tomaron como cinco extraordinarias referencias a la hora de quedar. Los usos amorosos, obviamente, se hacían en el aislado y solitario ¡¡Quinto Pino!! Sí, el de la, actualmente bulliciosísima, plaza de san Juan de la Cruz.

MESÓN DE LOS HUEVOS (1701-1741)

En la actual calle Concepción Jerónima, existía un mesón llamado *Mesón de los Huevos*. En 1701 se le prohibió al propietario vender huevos. Unos años más tarde, en 1718, no contento con esto, el Concejo mandó poner frente a sus puertas un guardia para impedir, además, la venta de gallinas. Unos años más tarde, en 1729, de repente y sin explicación alguna, que sepamos, se retiró la vigilancia del mesón y finalmente en 1741 se revocó la ordenanza y pudo volver a vender huevos y gallinas. Nadie nunca explicó las causas de esta, digamos, extraña situación.

CAJA DE AHORROS Y MONTE DE PIEDAD DE MADRID (1702)

En 1702 el sacerdote y músico aragonés Francisco Piquer Rodilla (1666-1739) fundó la Caja de Ahorros y Monte de Piedad de Madrid. Se unió así esta fundación a los antiguos Montes de Piedad españoles ya existentes, a saber: Monte de Piedad de Dueñas (fundado en 1550), de Málaga (1612), de san Francisco de Cuéllar (1636) y de Calahorra (1659). Su finalidad era atender a las demandas sociales de los más necesitados por medio de préstamos gratuitos garantizados, tan solo, por alhajas y ropas. Esta iniciativa inmediatamente fue amparada por el Patronato Real y por particulares mediante la aportación de donativos.

Nada sabemos de sus primeros años de andadura. En 1713 Felipe V concedió a la institución madrileña unas casas ubicadas en la actual plaza de las Descalzas Reales. Inmediatamente Pedro Ribera inició las obras de remodelación para la construcción de las oficinas de la benéfica institución y de una capilla con una preciosa portada de acceso. Las obras se prolongaron más de lo habitual concluyendo finalmente en 1733.

Y así, pasando el tiempo, llegamos a 1960 momento en el que se derriba el viejo edificio quedando solo en pie la portada que actualmente contemplamos.

TEATRO DE LOS CAÑOS DEL PERAL (1708-1818)

En 1708 llegó a Madrid una corta caravana de artistas encabezada por un tal Francesco Bartoli denominada *teatro de Bartoli*. Buscaron un lugar para poder representar su función y no lo encontraron. Solicitó

Portada de la Caja de Ahorros y Monte de Piedad de Madrid (1733)
(Pza. de las Descalzas Reales)

entonces Bartoli permiso al Concejo para instalarse en un barracón cercano a los famosos *Caños del Peral*, lugar este de monte bajo más o menos próximo al, todavía, Alcázar de Madrid. Le fue concedido. Adaptando el lugar con mucha imaginación, muy pronto comenzaron sus funciones, esencialmente comedias cantadas y primitivas óperas italianas. Tuvieron mucho éxito. Entre la gente empezó a ser conocido como el *Teatro de los Caños*.

Hacia 1720 Felipe V nombró al italiano, marqués de Scotti director general de teatros. Scotti se ocupó en idear y luego proyectar un gran teatro dedicado al arte lírico y puso sus ojos en el barracón donde se ubicaba el efímero teatro de Bartoli. Las obras comenzaron, se invirtió mucho dinero y al fin el domingo de carnaval de 1738 el nuevo y flamante *Coliseo de los Caños* levantó el telón por primera vez representando una ópera titulada *Demetrio* con música de Johan Adolph Hasse y letra de Pietro Metastasio.

Pronto surgieron los problemas: había que amortizar los gastos de las obras y las localidades se pusieron muy caras así que el pueblo llano, que antes asistía con ilusión a las representaciones de Bartoli, se quedó sin entretenimiento. Este *Coliseo de los Caños*, ni qué decir tiene, fue el antecedente del actual *Teatro de la Ópera*. Sus asientos eran de madera dura sin ningún tipo de suavización mediante forro o tapizado y su suelo de tierra de tal manera que después de llenarse el aforo, de 1680 personas, había que esperar unos minutos antes de comenzar la representación para que bajara la polvareda que el revuelo había creado.

A partir de entonces su funcionamiento, aún estando de alguna manera protegido por la corona, fue irregular. Hasta la época de Carlos IV cuando conoció un segundo periodo de esplendor como sede operística de Madrid. En 1802 se representó *Las Bodas de Figaro* de Mozart como uno de sus últimos grandiosos colofones. Durante la guerra de la independencia fueron suspendidas las funciones y finalmente, en 1818 ante su estado de ruina, fue derribado. Se proyectó entonces el nuevo *Teatro de la Ópera* que abrió sus puertas el 19 de noviembre de 1850. Este es el edificio que conocemos en la actualidad.

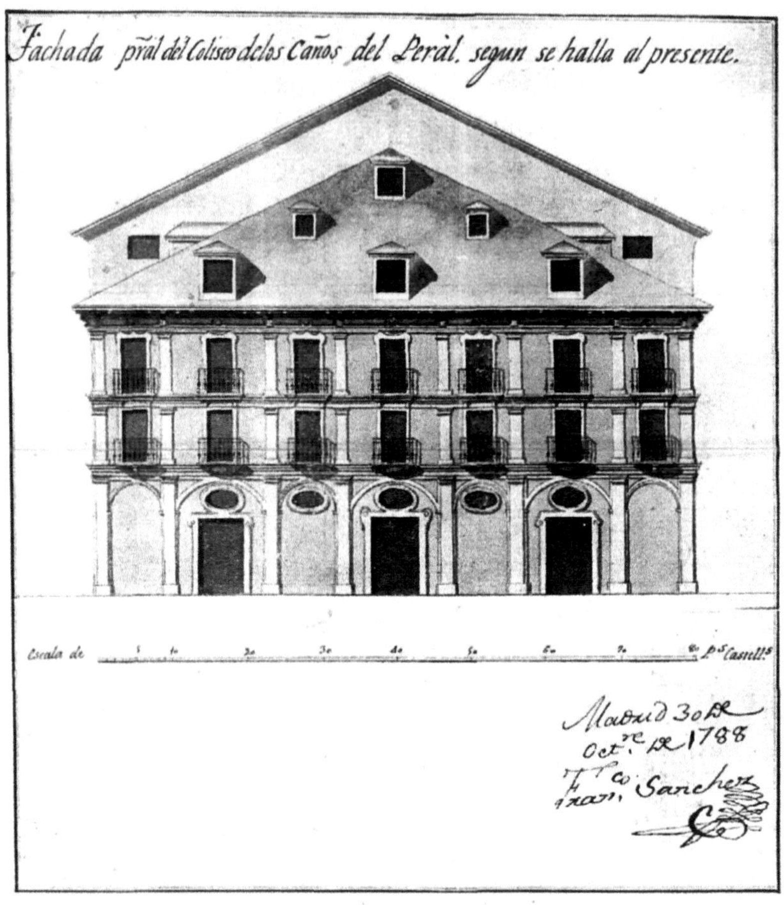

Teatro de los Caños del Peral (1788)

REAL BIBLIOTECA (1711)

El 29 de diciembre de 1711 se funda la *Real Biblioteca*. Su primera sede se ubicó en un pasadizo que unía el Real Alcázar con el convento de la Encarnación. Unos meses más tarde, el día uno de marzo de 1712 se abrió al público. Comienza a incrementar rápidamente su colección de documentos; así en 1715 ya tiene 28.242 libros, 1.282 manuscritos y 20.000 medallas.

Durante el siglo XIX su sede cambió en diversas ocasiones; así en 1809 se trasladó al convento de Trinitarios Descalzos de la calle Atocha; unos años más tarde, en 1819, se ubicó en el Consejo del Almirantazgo y en 1826 se trasladó a la antigua casa del marqués de Alcañízes en la actual calle Arrieta. Allí estaba cuando en 1836 cambió de denominación: de *Real Biblioteca* a *Biblioteca Nacional* pasando a depender, de esta manera del *Ministerio de Gobernación de la Península.* En 1866 comienza la construcción de su actual sede sobre las ruinas de un antiguo convento desamortizado por Mendizabal y poco después derruido. Las obras finalizaron en 1892 y unos años después, 1896 al fin se abre la sede actual.

HUMILLADERO DE NUESTRA SEÑORA DE LA SOLEDAD (1712)

En las inmediaciones del actual nº 44 de la calle Fuencarral existía, alumbrado por un farolillo, un pequeño cuadro de Nuestra Señora de la Soledad de mucha devoción popular. Es por ello que en 1712 se

Humilladero de Ntra. Sra. De la Soledad (1712) (C/ Fuencarral 44)

acordó hacer una capilla o humilladero para alojarlo como era debido. Esta es la simple historia de la capillita que actualmente podemos visitar y que, recientemente ha sido restaurada y rehabilitado su interior.

REAL ACADEMIA DE LA LENGUA (1713-1714)

En 1712, a diferencia de Francia, Italia o Portugal, España no contaba con un repertorio lexicográfico comprehensivo y elaborado de manera colegiada. Es por ello por lo que en 1713 fue fundada la Real Academia de la Lengua por iniciativa de Juan Manuel Fernández Pacheco, VIII marqués de Villena y duque de Escalona para, según sus propias palabras: *Fijar las voces y vocablos de la lengua castellana en su mayor propiedad, elegancia y pureza.*

La primera sesión tuvo lugar en la propia casa del marqués el seis de julio de 1713. Su creación con 24 sillas, una por cada letra se llevó a cabo el tres de octubre de 1714 y un año más tarde, en 1715 se publicaron sus primeros estatutos. La primera sede estuvo en el número 26 de la actual calle de Valverde. Posteriormente fue trasladada a la actual Real Academia de Ciencias Exactas Física y Matemáticas y en 1894 pasó a ubicarse en su actual edificio.

ERMITA DE LA VIRGEN DEL PUERTO (1716-1718 / 1945-1951)

Fue construida entre 1716 y 1718 por Pedro de Ribera (1681-1742) y gracias al empeño y por supuesto, al patrocinio de Francisco Antonio de Salcedo y Aguirre primer marqués de Vadillo (1646-1729). Pasó el tiempo sin excesivas complicaciones, pero en 1936, al inicio de la guerra civil fue asaltada, robada y prácticamente destruida en su totalidad. En 1945 los pocos restos que, de ella quedan, fueron declarados Monumento Nacional y se inició su total reconstrucción, siguiendo los planos originales, acabada en 1951 momento en el que se inauguró y se abrió al público.

Ermita de la Virgen del Puerto (1716-1718 / 1945-1951)
(Paseo de la Virgen del Puerto 4)

Ermita de la Virgen del Puerto, interior (1716-1718 / 1945-1951)

BANDO DE LOS FAROLES / PROHIBICIÓN DE ARMAS (1717)

Pasaban los años y llegó el momento de nuevos bandos municipales. En 1717 apareció por todas las paredes de la ciudad un bando en el que se obligaba a todo madrileño a que pusiera faroles en su fachada al anochecer. Los detalles eran importantes por lo que afectaba a los vecinos en conjunto: debía estar separado el farol una vara de la pared y no más lejos de 100 pasos del farol del vecino. El protagonista de este bando fue el marqués de Vadillo (1646-1729). El pueblo se dividió en dos bandos: los que estaban contentos y los descontentos; al final, afortunadamente, ganaron los primeros para, simplemente enfado, de los segundos y auténtico fastidio de maleantes, ladrones, asaltadores, asesinos y descuideros. Obviamente eso produjo la proliferación rápida de negocios de fabricantes de faroles y de labores de mantenimiento y reparación de los mismos.

Otra modalidad de información municipal era el pregón. El pregonero llevaba un tambor, campana, bocina o trompeta según la zona; llegaba a una encrucijada, a duras penas viva voz o haciendo uso de sus instrumentos musicales conseguía el silencio del vecindario y comenzaba a hablar. En el mismo año y en esta ocasión dijo lo siguiente:

> En nombre del señor corregidor, que Dios guarde, se hace saber...a todos los habitantes de Madrid...que por ningún motivo se reúnan en las calles...ni en las plazas...y que en el día de mañana... se recogerán...todas las armas blancas...y de fuego...y si después de mañana...se encontrare...a alguno...usando dichas armas...se le impondrá la pena...de último suplicio. (Bravo Morata, F. 1985 pág.195).

Los madrileños, de esta manera y a estas alturas de su historia ya estaban, en las noches de Madrid, iluminados, aunque débilmente y desarmados. Por supuesto si se hizo caso a ambos bandos.

CUARTEL DE LAS GUARDIAS DE CORPS (1717-1720)

Tras la guerra de sucesión Felipe V construyó una serie de cuarteles en la propia ciudad de Madrid. El más grande y el más importante fue el de la *Real Guardia de Corps,* cuerpo militar este, fundado en 1704 y cuyo objetivo era la protección de la casa real. El proyecto de construcción fue encargado, una vez más, a Pedro de Ribera (1681-1742). Dicho cuartel tenía capacidad para 600 guardias y 400 caballos.

Este cuerpo militar desapareció a mediados del siglo XIX y el edificio pasó a convertirse en colegio militar primero y cuartel de caballería después. En 1869 un enorme incendio inició su declive, y así, mal que bien fue sobreviviendo hasta que en 1969 dejó de tener uso militar y fue adquirido por el ayuntamiento. Unos años más tarde, en 1975, hubo un plan para derribarlo y edificar en su lugar un edificio de ópera; afortunadamente dicho plan no salió adelante. En la actualidad es conocido como Centro Cultural Conde Duque.

Cuartel de Guardias de Corps (1717-1720) (C/ Conde Duque 9)

Cuartel de Guardias de Corps (1717-1720). Fachada exterior

Cuartel de Guardias de Corps (1717-1720)
Fachada del patio central interior

El antiguo cuartel, contiene tres plantas, está estructurado en torno a tres patios, el central más grande que los dos laterales y tiene una longitud de fachada de 82 metros. La general sobriedad castrense de la estructura militar contrasta con la magnífica fachada churrigueresca sobre la que reza el siguiente texto: *Reinando Phelipe VAnno de 1720.*

Con respecto a su decoración interior, entre diversas obras de los siglos XVII al XIX cabe destacar el lienzo de la Sagrada Familia con san Juan obra de Juan Carreño de Miranda (1614-1685).

PUENTE DE TOLEDO (1718-1732)

Había que tomar, a estas alturas del reinado cartas en un asunto importante: los dos antiguos puentes de Toledo construidos en 1649 y en 1671, habían sido derribados por sendas riadas. Era necesario construir un tercer puente, y hacerlo sólido. El marqués de Vadillo (1646-1729), corregidor de aquellos momentos, encargó, de nuevo a Pedro de Ribera (1681-1742) su construcción. El resultado es el extraordinario puente churrigueresco que podemos contemplar en la actualidad, cuyas obras duraron una larga cantidad de años, entre 1718 y 1732. En la zona central del puente encontramos sendas hornacinas con esculturas de piedra caliza en su interior de san Isidro y santa María de la Cabeza. Fueron realizadas en 1723. Sus autores son Juan Antonio Villabrille y Ron (¿1663-1732?) y Luis Salvador Carmona (1708-1767). A la entrada del puente encontramos dos fuentes realizadas entre 1723 y 1727 diseñadas también por el propio Pedro de Ribera.

En 1956 fue declarado monumento nacional y, algo más tarde, en 1972 se le liberó, por deterioro, al puente del tráfico rodado construyendo un puente paralelo.

ORDENANZAS DE MADRID...(1719)

Llegaba, de nuevo el momento de organizar la vida de la ciudad. En 1717 publica Teodoro Ardemans para su aplicación de la manera más

Puente de Toledo (1718-1732)

Fuentes del puente de Toledo (1723-1727)

eficaz posible el libro: *Ordenanzas de Madrid y otras diferentes que se practican en las ciudades de Toledo y Sevilla, con algunas advertencias de alarifes y particulares, y otros capítulos añadidos para perfecta inteligencia de la materia, que todo constituye el Gobierno Político de las Fábricas.* Se trataba en resumen de la actualización de una serie de normas de convivencia entre vecinos publicadas hace ya tiempo, en el año 1661 por Juan de Torija.

La enorme cantidad y variedad de ordenanzas que cubren casi todos los aspectos de la convivencia entre vecinos, se organizan en un prefacio, tres proemiales y 27 capítulos con los siguientes títulos:

> Prefacio al lector, con la necesaria advertencia a los dueños de las obras y noble estimación del arte de la arquitectura. Primer Proemial de las particularidades de que debe ser adornado el arquitecto. Segundo Proemial sobre lo que declaran las provisiones en cuanto a dependencia de alarifes. Tercer Proemial, advertencias comunes para la seguridad de la buena habitación. Cap. I. De lo que se debe hacer antes de empezar una fábrica. Cap. II. De la altura de las fábricas. Cap. III. De las aguas que se vierten de un tejado a otro, oponiéndose a la pared medianera. Cap. IV. De las tapias de medianería. Cap. V. A lo que está obligado el que labra entre dos vecinos o casas medianeras. Cap. VI. En cuanto a labrar casa con superioridad (más alta) a otros vecinos. Cap. VII. Cómo se deben prevenir las casas que labran enfrente o al lado de los monasterios. Cap. VIII. Cómo se han de convenir dos vecinos a labrar, siendo uno dueño de lo bajo y otro de lo alto. Cap. IX. De las callejuelas o callejones que suelen quedar entre dos casas vecinas, Cap. X. Cómo se deben fabricar los hornos sin perjuicio del vecino. Cap. XI. De las ventanas de medianería. Cap. XII. De las puertas cocheras en calles públicas. Cap. XIII. Dónde se deben fabricar las cuevas. Cap. XIV. De los poyos empedrados, recantones y balcones que se suelen hacer en las calles públicas. Cap. XV. De los canalones de madera para verter en las calles. Cap. XVI. De la fábrica de los pozos y en qué parte se deben obrar, y prevenciones sobre las norias estanques y otras cosas (habitualmente, a parte de las fuentes públicas, cada casa, para autoabastecimiento de agua tenía pozos, norias o pequeños estanques. Su construcción es lo que aquí se regula). Cap. XVII. Sobre los conductos y albañales. Cap. XVIII. De las fraguas y diferentes oficios, sin que hagan prejuicio a vecinos. Cap. XIX. De las lumbreras de sótanos y cuevas. Cap. XX. De los molinos entre partes. Cap. XXI. Del agua que nace en una heredad y

pasa por otras ajenas (con un poco de suerte, alguna casa podría estar construida sobre un manantial de agua natural, su uso en relación con los vecinos es lo que aquí se regula). Cap. XXII. De las guardillas y a donde conviene se labren. Cap. XXIII. Arreglamento que deben guardar los que dan materiales para obras. Cap. XXIV. De lo que se debe observar en la Plaza Mayor para fiestas de toros. Cap. XXV. De las fuentes públicas y particulares y a lo que están obligados los vecinos. Cap. XXVI. De lo que han de observar los Maestros de Fontanería. Cap. XXVII. De aforar el vino y otras especies.

IGLESIA DE SAN MARTÍN DE TOURS (1719)

El antiguo convento de Portacoeli de los Clérigos Regulares Menores, llamados también *Caracciolos,* fundado en 1643 se encontraba muy dañado. Se decidió un proyecto de reconstrucción prácticamente total del edificio que llevó a cabo el arquitecto Eugenio Valenciano, terminándose las obras en 1719.

Pasó casi un siglo; en 1809, la vieja iglesia de San Martín, cercana al convento de las Descalzas Reales, es derribada por José I para construir la actual plaza del mismo nombre. Sus pobladores son realojados, tras muchos periplos, en 1836 en el Convento de Portacoeli. De esta manera el edificio contiene a sus propios clérigos más los de San Martín; es en estos momentos cuando empieza a conocerse la iglesia como de San Martín. Por estas mismas fechas también se incorporan a San Martín otros clérigos, los de la orden del Espíritu Santo, provenientes de un convento que poseían ubicada en el actual Congreso de los Diputados.

Tras los decretos de exclaustración, la iglesia y el convento quedan vacíos para, posteriormente volver, suponemos, ya solo con la acepción de San Martín de Tours. A partir de entonces su vida discurre tranquilamente; hasta 1936 momento en el cual se destruyeron parte de sus altares originales. En 1991 pierde la iglesia la condición de parroquia por falta de feligreses vinculándose a la vecina iglesia de San Ildefonso. Posteriormente es cedida a la comunidad de Polacos de Madrid que es quien actualmente lo regenta.

Iglesia de San Martín de Tours (1719) (C/Desengaño 26)

Iglesia de San Martín de Tours (1719) (C/Desengaño 26) (Interior)

CONVENTO DE CLÉRIGOS AGONIZANTES DE SANTA ROSALÍA (1720)

Fue fundado en 1720. Estaba ubicado en la manzana que ocupan las actuales calles de Atocha, Alameda y Paseo del Prado. La advocación elegida fue santa Rosalía de Palermo una mujer de alta cuna que dejó el lujo para dedicar su vida a ayudar a los pobres. El objetivo del convento era acudir a los enfermos terminales o de dudoso futuro alojados en el Hospital General, hoy museo Reina Sofía.

La iglesia fue cerrada en 1840 y, algún tiempo después, derruida. En la actualidad el solar lo ocupan viviendas.

MUSEO DE HISTORIA DE MADRID (1721-1726)

El antiguo Real Hospicio de San Fernando, fundado en 1673 amenazaba ruina, por ello, entre 1721 y 1726 fue totalmente reconstruido con proyecto del arquitecto Pedro Ribera (1681-1742). Del antiguo hospicio solo se dejó la capilla que también fue reformada parcialmente. Pasaron los siglos, en 1919 el edificio amenazaba ruina de nuevo, pero fue salvado del derribo gracias a la intervención de la *Real Academia de Bellas Artes de San Fernando* que lo declaró Monumento Histórico-artístico. Comenzaron las obras de rehabilitación y diez años más tarde, en 1929 se reabrió como flamante *Museo Municipal de Madrid* o *Museo de Historia de Madrid*. Su fachada es considerada como una de las obras cumbre del barroco civil español.

LA CASA DE CAMPO (DESDE 1723)

Tras un período de largo abandono protagonizado por los últimos Austrias, Felipe V volvió a poner sus ojos en la Casa de Campo. Realizó ciertas reformas generales de infraestructura, así como importantes labores de mantenimiento de sus jardines y huertas y creó un nuevo

Museo de Historia de Madrid (1700-1742) (C/ Fuencarral 78)

Museo de Historia de Madrid capilla (siglos XVII-XVIII)

establo para vacas cuya leche era servida todos los días a los monarcas. De su época, el llamado *puente de la Culebra*, es una de las obras más destacadas que aún se conservan en el recinto. Levantado en 1723 su nombre original era *puente Estrecho*, pero su curiosa forma serpenteante hizo que desde muy pronto se le conociera como *puente de la Culebra*. Precisamente su peculiar diseño tenía como objetivo la posibilidad de instalar sobre él contadores de ganado sin que fueran atropellados por las reses a su paso. La obra fue diseñada y ejecutada por Pedro de Ribera combinando el ladrillo rojo de sus bases con la piedra granítica de su parte superior. Los diez pináculos que en nuestros días se ven a lo largo de su recorrido fueron añadidos en la última rehabilitación de 1983. Fue este puente el sustituto de uno anterior que, en ese mismo año (1723) fue derribado por una tormenta.

Con Fernando VI se recuperó plenamente el gran impulso que Felipe II le dio en sus días. Nada más comenzar su reinado en 1746, la Casa de Campo se declaró *Real Bosque*, convirtiéndose en el principal cazadero de la corona. Tras su denominación se amplió enormemente su extensión sobre todo con superficies destinadas a bosques. Se dividió el parque en cuarteles administrativos y comenzó su cierre total perimetral que acabó su sucesor. Lo más destacado de su actuación fue la construcción de la denominada *fuente del Príncipe*, desmontada, por estado de ruina, durante la II República. La mandó construir siendo todavía Príncipe de Asturias dos años después del *Puente de la Culebra*. Pudieron ser sus autores, Juan Román (¿?-1739) o incluso el propio Teodoro Ardemans (1661-1726) del que ya se ha hablado.

Carlos III encargó a Francesco Sabatini (1721-1797) un ambiciosísimo proyecto de reforma de la Casa de Campo. En 1770 se culminó el cierre del perímetro. Una vez culminado, como habitualmente se hacía, se abrieron en el muro una serie de puertas y portillos, a saber: *puerta del Río*, *puerta de los Campos*, *puerta del Ángel*, *portillo de la Agachadiza*, *puerta de Dante*, *puerta de Batán*, *puerta del Zarzón*, *puerta de Rodajos*, *puerta de Somosaguas*, *portillo de los Pinos*, *puerta de Aravaca*, *puerta de Medianil* y *puerta de Castilla*. Para permitir el paso de las aguas de los riachuelos al interior, se construyeron también cinco *rejas*, una mezcla de puerta y puente: reja del arroyo *Meaques*, reja de *Vallipuente*, reja del *Rey* y dos rejas para el arroyo *Antequina*.

Con respecto al interior del recinto, para la buena circulación de las aguas se construyeron diversos puentes y acueductos. Entre los puentes destacaban cuatro: puente de *Batán*, puente del *Álamo Negro*, puente de *Siete Hermanas* y puente de la *Agachadiza*. En cuanto a los acueductos destacaba entre todos uno, el acueducto de la *Partida* (1778), sustituto de uno más antiguo de madera, cuyo objetivo era transportar agua a la antiquísima (se conoce dese el siglo XVII, pero pudiera ser incluso más antigua) huerta de la Partida, para regar frutas y hortalizas.

Desde 1768 existía una pequeña iglesia, la de Rodajos (1768-1936). Con la denominación de parroquia a la zona de la Casa de Campo, se construyó, en 1784, una nueva iglesia, San Carlos Borromeo y la Purísima Concepción (1784-1936), más conocida como la Torrecilla, que hizo las veces parroquia auxiliar.

El antiguo palacete de los Vargas, amenazaba ruina. Además, las fachadas estaban dañadas por las humedades y crecidas del rio Manzanares. En 1767 el rey encargó a Sabatini la inmediata remodelación del edificio. Las obras se prolongaron hasta 1773. El palacete que contemplamos en la actualidad es similar, y decimos solo similar, al concebido originalmente, pues con el tiempo ha sufrido innumerables reformas. También se proyectaron varios planes para la reforma de los antiquísimos reservados; ninguno de ellos llegó a llevarse a cabo.

Tras la muerte de Carlos III comienza el acelerado declive de la Casa de Campo que continuó todo a lo largo del siguiente siglo XIX. Carlos IV solo hizo uso de la Casa de Campo como cazadero limitándose a construir ciertas calles para unir las distintas instalaciones. En 1829 se construye el magnífico Puente del Rey que comunica el Campo del Moro con la Casa de Campo. Es obra de Isidro González Velázquez, aún podemos contemplarlo. Unos años más tarde, en 1839 se plantea la construcción de un pueblo: *La Real Cristina*, en sus terrenos; el plan no sale adelante. Con Isabel II se elabora un proyecto

Puente de la Culebra (1723) Casa de Campo

Palacete de los Vargas (1773) Casa de Campo

de renovación del arbolado y desde 1845 empiezan a tratarse y a cuidarse los árboles de manera científica; el ingeniero de montes Agustín Pascual González es el primer encargado de ello. En 1878 el parque sufre un enorme incendio que se lleva por delante, ni más ni menos que 1013 árboles.

Con la llegada del siglo XX se inicia el proceso de transformación del parque en parque público. El primer paso lo da Alfonso XIII quien, en 1925 cede los terrenos en torno a la huerta de la Partida al Comité de Plantas Medicinales dependiente del Ministerio de Agricultura. Unos años más tarde, el 20 de abril de 1931 la Casa de Campo pasa a manos del Ayuntamiento de Madrid; el 1 de mayo del mismo año se abre al público y el 3 de junio se le declara Monumento Histórico-Artístico de carácter nacional. Durante la guerra civil es frente de guerra por lo que quedan absolutamente destrozados y prácticamente perdidos todos sus elementos histórico-artísticos. Aún se pueden ver restos de la contienda en su interior.

Restos del Acueducto de la Partida (1778) Casa de Campo

Tras una restauración general, en 1946 se reabre al público y unos años más tarde en 1952 se acometen importantísimas repoblaciones forestales. Vuelve entonces a adquirir mucha importancia y esplendor: se utiliza como lugar de convenciones y exposiciones nacionales e internacionales; en 1969 se crea el Parque de Atracciones y en 1972 el Parque Zoológico. Pero este extraordinario momento se quiebra en el año 2021 cuando la borrasca Filomena causa graves daños en el 65% de los 850.00 árboles que ya tenía; desaparecen algunos ejemplares centenarios que incluso habían aguantado el embite de la guerra civil. Tanto es así que el parque es cerrado durante dos meses para su rehabilitación total.

CASA DE LA PLAZUELA DE SAN JAVIER (1724)

En el número 7 de la actual plazuela de San Javier existía, entre 1610y 1625, un pequeño palacio que hacia 1724 pertenecía al Colegio Imperial

Casa de la plazuela de San Javier (1724) (Plazuela de san Javier 7)

Fonda Botín (1725) (C/ Cuchilleros 17)

de la Compañía de Jesús. Es en esta fecha también cuando se inicia una gran reforma del inmueble para convertirlo en una casa-corredor. El resultado es el extraordinario edificio que podemos observar en la actualidad. El edificio, parece ser, que tenía un montón de galerías en su interior que fueron abundantemente usadas durante la guerra civil. Entre 1991 y 1995 su interior fue totalmente remodelado y la mayor parte de las galerías cegadas. El arquitecto encargado de este proyecto fue Juan López Jaén. En la puerta de la casa aparece una inscripción: *Anno D IHS 1724.*

RESTAURANTE BOTÍN (1725)

Un año más tarde, en 1725 el francés Jean Botín y su mujer fundaron en la actual calle de Cuchilleros nº 17 la fonda Botín. Es considerada la más antigua del mundo. Algunos autores incluso la han relacionado con la antigua hostería Botín, después llamada *Casa Botín* que data, ni más ni menos que de 1621. A la derecha de la entrada al restaurante, según se mira de frente una puerta de piedra data el edificio.

CASA-PALACIO DE O´REILLY (1725)

En 1616 se iniciaron las obras para la construcción de un convento-residencia para las monjas Bernardas en la actual calle del Sacramento nº 3-5. Por falta de dinero en 1624 se paralizó su construcción. Volvieron a reanudarse muchos años más tarde, en 1673; fueron encargadas por la abadesa al arquitecto Bartolomé Hurtado (1620-1698). Otra vez por falta de dinero las obras se pararon, y así, inacabadas, quedaron hasta que en 1725 cuando Pedro Hernández hace una completa reforma del edificio, como casa vecinal, dejándola tal y como ahora lo podemos ver.

Pasa el tiempo, más de cien años, y en 1830 el inmueble se vendió a la familia Lezcano que las habitó hasta principios del siglo XX.

Casa-palacio O´Reilly (1725) (C/ Sacramento nº 3-5.)

En 1913 se convierten en el Museo Nacional de Artes Industriales. Unos años más tarde en 1936 Aurora Lezcano, heredera y propietaria de las casas se casa con Darío Valcárcel marqués de O´Reilly de ascendencia irlandesa. Más adelante pasan a ser propiedad de una inmobiliaria. En 1978 amenaza ruina el edificio y los inquilinos se van. Pasa entonces a mano del estado, es remodelado y se convierte en un delegación de Hacienda.

ERMITA Y FUENTE DE SAN ISIDRO (1725)

Los orígenes de esta ermita son legendarios. Estaba Isidro (siglos XI-XII), el futuro santo, trabajando en los campos de su señor Iván de Vargas en Carabanchel. Don Iván fue a verle y sintió sed. Isidro, ni corto ni perezoso, viendo sediento a su señor dio un golpe con la reja de arado sobre una piedra y, al punto, salió agua fresca; y desde ese momento, el agua continúa manando. Las lenguas populares decían que el agua era, además, medicinal.

Pasaron los siglos; y llegamos a 1528. El emperador Carlos I y su hijo, el futuro Felipe II cayeron enfermos. La emperatriz Isabel de Portugal, recogiendo los decires populares sobre las propiedades medicinales de las aguas de la fuente, recogió agua y se la dio a beber a su esposo e hijo. Ambos sanaron e inmediatamente decidió doña Isabel edificar una ermita en aquella fuente. Pasó de nuevo el tiempo; en 1724 las aguas seguían siendo medicinales pero la ermita estaba muy deteriorada. Se decidió entonces rehacer de nuevo la ermita y su fuente aneja. Esta son la ermita y la fuente que, en la actualidad podemos observar. Tan solo su exterior en realidad porque durante la guerra civil su interior fue incendiado perdiéndose todos sus tesoros. Pasada la guerra fue reconstruido su interior imitando el antiguo. Lo más antiguo que, en la actualidad, se guarda está junto al altar frontero; se trata de un cuadro de principios del siglo XIX de la Virgen de la Soledad.

Ermita de San Isidro (1724) (Paseo de la Ermita del Santo / final del paseo del Quince de Mayo)

Fuente de la Ermita de San Isidro (1724)

Ermita de San Isidro (interior)

Palacio del duque del Infantado (1725-1750) (C/ Don Pedro 1)

PALACIO DEL DUQUE DEL INFANTAZGO (1725-1750)

Fue construido entre 1725y 1750 sobre los restos de un edificio del siglo anterior que albergaba un antiguo convento. Sobre la portada principal se encuentra el escudo nobiliario de los Mendoza de la Vega antepasados del duque del Infantado. En su interior destaca una portada renacentista traída del castillo de Calahorra en Granada.

PEDRO DE RIBERA (1681-1742) DE TENIENTE DE OBRAS A MAESTRO DE OBRAS (1726)

El cuatro de agosto de 1681 nació en la actual calle del Oso del barrio de Lavapiés Pedro de Ribera. Era hijo de Juan Félix de Ribera, carpintero natural de la villa de Gea de Albarracín (Teruel) y de Josefa Pérez, natural de la villa madrileña de Torrejón de Velasco. Parece que fue discípulo de Teodoro Ardemans (1646-1729) y de José de Churriguera (1665-1725). Entre 1718 y 1719 fue nombrado Teniente de Obras por el propio Ardemans, a la sazón, Maestro Mayor de Obras y Fuentes de Madrid. En 1726 murió el maestro. Había que buscar un sustituto. El rey mostraba predilección por otros arquitectos extranjeros que, por aquellas fechas, ya trabajaban en Madrid, pero, quizá la protección de Pedro de Ribera por parte de personajes de la talla de Francisco Salcedo Aguirre, marqués de Vadillo (1646-1729) entre otros, decantó la balanza a su favor.

Su obra, a partir entonces casi exclusivamente se centró en la villa a la que dotó de numerosos elementos ornamentales y edificios, unos conservados hasta la fecha, otros no. Ya hemos visto algunas obras de su primera etapa como simple constructor y Teniente de Obras de Madrid. Ahora Comienza su segunda etapa constructiva en nuestra villa: su etapa de Maestro de Obras (1726-1742)

PALACIO DE LA DUQUESA DE PARCENT (1728-1729)

Entre las actuales calles de San Bernardo, San Vicente Ferrer y Espíritu santo, existían, a principios del siglo XVIII unas casas que fueron adquiridas por la marquesa viuda de Mejorada y de la Breña para, tras derruirlas, en el solar resultante construirse una casa. Las obras se iniciaron durante los años 1728-1729. El arquitecto encargado del proyecto fue Gabriel Valenciano, discípulo de Pedro de Ribera.

En 1865 se llevaron a cabo las primeras reformas del edificio. A principios del siglo XX se creó el ducado de Parcent y la duquesa de Parcent adquirió la propiedad. En 1945 fue adquirido el edificio por el Instituto Nacional de Previsión; unos años más tarde, en 1982, pasó a convertirse en una dependencia del Ministerio de Justicia y, finalmente, en 1995 se declaró al palacio Bien de Interés cultural en categoría de monumento.

Palacio de la duquesa de Parcent (1728-1729) (C/ San Bernardo 62)

ESCUELAS PÍAS DE SAN FERNANDO (1729)

En 1729 se fundó un colegio, el colegió de San Fernando, en un solar de la actual calle Mesón de Paredes. Asociado a él existía una ermita, la ermita del Pilar. Los alumnos, habitualmente niños sin posibles, aumentaban muy deprisa; tanto que el párroco de la cercana iglesia de San Justo a quien pertenecía dicha ermita, desbordado de trabajo, cedió ermita y colegio a los padres Escolapios en 1735.

Dos años más tarde, en 1737, el padre Tomás de San José inició unas obras de ampliación del colegio. Se prolongaron mucho tiempo pues fueron acabadas en 1761 de la mano de padre Tomás Calle. En esta época ya asistían a clase 2336 alumnos.

La, muy apreciada, labor de la institución provocó una aportación extra de numerosas donaciones. Se sabe que entre los donantes estuvieron los propios reyes de España: Carlos III, primero y Carlos IV, después. Con estos continuos donativos se fue construyendo entre los años 1763 y 1791 una iglesia para sustituir a la vieja ermita. Las obras se encargaron al padre Gabriel Escribano. Los restos que hoy observamos pertenecen a dicha iglesia.

Escuelas Pías de San Fernando (1729) (Calles: Embajadores, Sombrerete, Tribulete y Mesón de Paredes)

Acabadas las obras, en 1791, tocaba poner un nombre a la flamante recién acabada iglesia y al, también ampliado, años antes, colegio. Al ser muchas las propuestas se echó a suertes y ganó el nombre de *colegio de San Fernando.* Cuatro años más tarde, en 1795 el, recién denominado, *colegio de San Fernando*, ampliaba sus miras y acogía entre sus paredes a la primera escuela de sordomudos de España.

En 1808, con los inicios de la guerra de la independencia se suprimió la comunidad religiosa quedando el solar abandonado. Acabada la guerra, en 1814 volvió a ponerse en funcionamiento. En 1838 el colegio contaba con 1660 alumnos. Pasó el tiempo sin excesivos contratiempos y cambió el siglo; y con el cambio de siglo llegó la guerra civil.

En 1936, al inicio de la contienda, el edificio fue incendiado. En 1996 sus restos fueron declarados Bien de Interés Cultural. Finalmente, en 2002 la UNED (Universidad Nacional de Educación a Distancia) se hizo cargo de los mismos y sobre ellos, llevó a cabo una espléndida rehabilitación (entren a verla, merece mucho la pena) convirtiéndolos en una biblioteca y un archivo.

REAL ACADEMIA DE JURISPRUDENCIA (1730)

Fue fundada en 1730 en Madrid por treinta juristas. Su primer presidente fue José Moñino, más adelante conocido como conde de Floridablanca y como secretario de estado de Carlos III. En 1763 se le otorgó la cédula que la reconocía como *Real Academia de Leyes de estos Reynos y de Derecho Público* que fue su primera denominación. Su objetivo era la recogida, ordenación y estudio de textos jurídicos, manuales y documentos históricos.

Pasó por diversas sedes hasta que en 1905 se ubicó en el edificio actual de la calle marqués de Cubas nº 13. Se trata de un edificio sobrio datado en 1798 que antes de convertirse en la sede de dicha institución perteneció a las infraestructuras de la *Real Fábrica de Cristales de La Granja.*

Real Academia de Jurisprudencia (1798) (C/Marqués de Cubas 13)

FUENTE DE LA HUERTA DE LA PRIORA (1730-1760 APROX.)

En 1615 Cristóbal Gómez de Sandoval, duque de Uceda y valido de Felipe III fundó el *monasterio de las monjas Bernardas del Santísimo Sacramento*. Las obras se retrasaron. En 1671 comenzó su construcción que duró hasta 1744.

En 1966 se derriba el antiguo palacio de Montellano situado en el paseo de la Castellana. El solar pasa a formar parte del Ayuntamiento de Madrid. En su patio se encuentra una antigua fuente construida entre 1730 y 1760 en París y compuesta por cuatro querubines de bronce sobre una pileta octogonal de ladrillo. Una vez desmontada es traída hasta el patio del monasterio y allí es instalada. Unos años más tarde, en 1972, es derribado el citado monasterio quedando tan solo en pie, la iglesia, actual *Iglesia Castrense o de la calle Sacramento*

Fuente de la Huerta de la Priora (1730-1760)
(C/Rollo 5 / C/Sacramento 11)

(de la que hablamos en el libro anterior) y, entre las ruinas del antiguo convento, la vieja fuente broncínea.

En torno a ella se empiezan entonces a construir unas casas vecinales. Desde ese momento la fuente empieza a conocerse como *fuente de la Huerta de la Priora.* Y allí está hasta la fecha. No está abierta al público; la única manera de acceder a ella es pidiendo a algún vecino que tenga la amabilidad de abrir la puerta o acudiendo en horario no festivo.

FACHADA DE LA IGLESIA DE SAN NICOLÁS DE LOS SERVITAS (1730-1768 APROX.)

A parte de su torre y de sus estructuras medievales, de las que ya se habló en el libro anterior, merece la pena destacar su extraordinaria

San Nicolás de los Servitas fachada principal (Plaza de san Nicolás)

San Nicolás de los Servitas (interior)

fachada que da a la plaza de San Nicolás obra del escultor Luis Salvador Carmona (1708-1768). La estructura de la iglesia ha sufrido diversas modificaciones a lo largo de los siglos XVII, XVIII y, sobre todo, XIX. En el interior encontramos diversas obras de arte pertenecientes a los siglos antes citados.

PALACIO DE LA NUNCIATURA (1730-1735)

A finales del siglo XVII la santa sede compró unas casas en la actual calle del Nuncio nº 13-15 para construir el palacio de la Nunciatura, es decir, la embajada de la santa sede en Madrid. Se encargó al arquitecto José de Villarreal (¿? -1662) el proyecto de construcción del palacio.

Más adelante, a principios del siglo XVIII el, por entonces, Nuncio, Pompeyo Aldrovandei decidió ampliar el palacio adquiriendo el resto

Palacio de la Nunciatura (1730-1735) (C/ Nuncio 13-15)

de las casas que conformaban esa manzana. Manuel de Moradillo fue el encargado de la obra. Remodeló absolutamente el viejo palacio ampliándolo y dando como resultado el caserón que contemplamos en la actualidad. Las obras se prolongaron por cinco años, entre 1730 y 1735.

FACHADA DEL PALACIO DE MIRAFLORES (1731-1732)

Entre 1731 y 1732 el arquitecto Pedro de Ribera (1681-1742) construyó un palacio a petición del conde de Villapaterna para que fuese su residencia. Casi un siglo más tarde, en 1817, el rey Fernando VII creó el marquesado de Miraflores que, inmediatamente, otorgó al III conde de Villapaterna. A partir de entonces el edificio fue conocido como palacio de Miraflores. En 1920 el palacio es totalmente reformado por el arquitecto Fernando Gambra y Sanz quedando solo, del edificio original, la fachada. Esta fachada es la que observamos en la actualidad.

Fachada del palacio de Miraflores (1731-1732)
(Carrera de San Jerónimo 15)

PALACIO DE LOS DUQUES DE SANTOÑA (1731-1742)

Hacia 1731 el marqués de Ugena, Francisco de Goyeneche e Irigoyen a la sazón consejero de hacienda de Felipe V compró una antigua casona de 1630, construida por Juan Gómez de Mora (1586-1648) con el fin de transformarla en su palacio. Las obras fueron encargadas a Pedro de Ribera (1681-1742) quien derribó la mayor parte de la casona y construyó el nuevo y flamante palacio entre 1731 y 1742.

En 1874 compra el edificio Juan Manuel Manzanedo, marqués de Manzanedo y duque de Santoña y lo transforma por completo manteniendo solo, del edificio original, una de sus fachadas principales, la que da a la calle Huertas. La otra, la de la calle Príncipe es una copia. Del arte de Ribera solo queda, pues, la citada fachada de la calle Huertas.

Fachada del palacio de los duques de Santoña (1731-1742)
(C/Huertas 20)

PALACIO DE PERALES (1732)

Nos encontramos en el mejor momento en la vida del arquitecto Pedro de Ribera (1681-1742); le desborda el trabajo. En el año 1732 los marqueses de Perales, Antonia de Velasco y Ventura Rodríguez de Pinedo, le encargaron la construcción de su futuro palacio-residencia entre las actuales calles de Magdalena y de la Cabeza. El resultado fue un sencillo edificio con, sin embargo, soberbia fachada (la que da a la calle Magdalena, pues la de la calle de la cabeza está totalmente transformada), de tres pisos y una estructura interior dispuesta en torno a tres patios.

La residencia nobiliaria fue vendida al estado en 1914 y, tras diversos usos y diversas remodelaciones, desde 2002 lo convirtió en sede de la Filmoteca Española.

Palacio de Perales (1732) (C/Magdalena 10)

Palacio de Perales (1732) (Fachada)

FUENTE DE LA FAMA (1732)

Desde su nombramiento real, Felipe V venía pergeñando un gran proyecto de embellecimiento de Madrid en el que las fuentes jugaban un importantísimo papel como elementos de adorno a la vez que de abastecimiento. En 1714 encarga, como no, a Pedro de Ribera la construcción de una bella fuente para adorno y abastecimiento de la actual plaza de Antón Martín. El encargo se retrasó hasta 1731 y un año más tarde, en 1732, fue concluido habiendo costado en total 80.127 reales. La preciosa nueva fuente, es por fin colocada en su lugar. Parece que Pedro de Ribera tardó un año en cobrar por completo su nómina.

Pasa el tiempo; en 1880 debido a su mal estado es desmontada y aguarda un tiempo en unos almacenes. En 1907 se reconstruye con algún que otro elemento no original y se ubica, cuatro años más tarde, en 1911, en el parque del Oeste. Acabada la guerra civil, en

Fuente de la Fama (1732) (C/ Fuencarral esq. C/ Barceló)

1941 es, de nuevo, desmontada y ubicada en el lugar donde ahora la podemos contemplar.

REAL ACADEMIA DE LA HISTORIA (1735)

Desde 1735 un grupo de eruditos tertuliaban regularmente en la casa de Julián Hermosilla (1697-1774) abogado de profesión y, por entonces, teniente corregidor de Madrid. Después las reuniones se trasladaron a la Real Biblioteca. El 17 de junio de 1738, el rey Felipe V en Real Cédula decidió oficializar estas tertulias creando la *Real Academia de la Historia*. En 1775 todo el material reunido por los contertulios se trasladó de la *Real Biblioteca* a la *Casa de la Panadería* de la Plaza Mayor y 10 años más tarde, en 1785 se hizo oficial el nombramiento de la *Casa de la Panadería* como nueva sede de *Real Academia de la Historia*.

Nuevo Rezado (1788) (Actual Real Academia de la Historia) (C/León nº 21)

En 1788 Juan de Villanueva (1739-1811), en otro punto de la ciudad, comenzó la construcción del caserón denominado *Nuevo Rezado*. Un edificio situado en la actual calle León nº 21 que tenía como objetivo albergar los libros de rezo de los monjes benedictinos del Real Monasterio del Escorial.

En 1836, durante el proceso de la desamortización de Mendizábal, los monjes son desposeídos del *Nuevo Rezado* y se decide convertir este soberbio edificio en la nueva sede de la *Real Academia de la Historia*. Al edificio comienzan a llegar multitud documentos, códigos y libros. En 1837 se hace efectivo el nombramiento. Entre 1871 y 1874, con el objetivo de adaptar plenamente el edificio a las necesidades de la institución, el arquitecto Eduardo Saavedra (1829-1912) lleva a cabo una importante reforma estructural del mismo, al final de la cual, en 1874, se culmina el traslado de la sede.

En julio de 1945 el edificio es declarado monumento histórico-artístico.

TEATRO PRÍNCIPE (1735)

El viejo *Corral del Príncipe*, fundado, ni más ni menos, que en 1582, se encontraba en muy malas condiciones; debía, pues, ser remodelado por completo. La tarea fue encargada en 1735 al arquitecto italiano Juan Bautista Sacheti (1690-1764) y a un jovencísimo Ventura Rodríguez (1717-1785) por entonces colaborador del maestro. Diez años más tarde, en 1745 queda inaugurado con el nuevo nombre de *teatro Príncipe*.

En 1802 el teatro sufre un tremendo incendio quedando tan solo en pie la fachada exterior. Poco después es reedificado por Juan de Villanueva (1739-1811). Cambia, tras la restauración, de nombre, una vez más, pasándose a llamar teatro *Español*. En 1850 se incorpora al teatro el famoso Café del Príncipe.

Fachada del antiguo teatro Príncipe (1735) actual teatro Español (Pza. de santa Ana)

PALACIO REAL (1738-1764)

Un año después de empezar las obras del teatro Príncipe, en 1734, en otro lugar de la ciudad ocurrió una tragedia. Un devastador incendio arrasó el antiguo Alcázar. Inmediatamente el rey dio la orden de construir un nuevo palacio, aprovechando las circunstancias, más de acuerdo con la estética francesa. Pero los inicios de las obras no empezaron hasta 1738. Comenzó así el largo proceso de levantamiento del palacio que conocemos en la actualidad. Las obras fueron comenzadas según las trazas del recientemente fallecido arquitecto italiano Filippo Juvara (1678-1736). Fue Juan Bautista Sacheti (1690-1764) el encargado de llevar a cabo el enorme proyecto de su maestro. También en su construcción participó Ventura Rodríguez (1717-1785) a quien se le encargó la capilla. La construcción siguió y fue finalmente Francesco Sabatini (1721-1797) quien concluyó la regia obra en 1764. Carlos III fue el primer rey que lo habitó de forma permanente y el último Alfonso XIII.

En paralelo, el padre Sarmiento (1695-1772) ideó un proyecto que consistía en la coronación de la amplísima balaustrada superior del palacio con esculturas de todos los reyes de España desde tiempos visigodos. Para ello contrató a dos escultores: Felipe de Castro (1711-1775) y Juan Domingo Olivieri (1706-1761) los cuales, debido a la magnitud de la labor, organizaron un grupo de trabajo compuesto por importantes escultores de la época. El resultado fueron 108 esculturas. En 1754 todas ellas estaban ya acabadas y colocadas, pero Carlos III, aconsejado por Sacheti, ordenó su retirada. La leyenda dice que fue Isabel de Farnesio quien tomó la decisión tras tener un sueño en el cual las estatuas caían al suelo.

Todas las estatuas reales fueron guardadas hasta 1787, momento en el cual fueron repartidas por toda España, como elementos decorativos, en diferentes lugares. En la actualidad, en Madrid tenemos un total de 48 distribuidas: 20 en la plaza de Oriente; 14 en el parque del Retiro; 8 en los jardines de Sabatini y 6 en el Salón de Reinos.

Pasa el tiempo y llegamos a 1879. El arquitecto Narciso Colomer diseña la, actualmente conocida como plaza de la Armería, en el lado

Palacio Real (1738-1764) (Plaza de Oriente)

Palacio Real (1738-1764) (Plaza de Oriente) Capilla

Palacio Real (1738-1764) (Plaza de Oriente) Fernando I de Castilla

sur del palacio, frente a la catedral de la Almudena. El proyecto no se lleva a cabo. En 1892, defiende un nuevo proyecto el, también arquitecto, Enrique María Repullés (1845-1922) cuyo resultado es el que conocemos en la actualidad.

El Palacio Real de Madrid es el más grande de Europa Occidental y uno de los más grandes del mundo. Tiene una extensión de 135.000 metros cuadrados; casi el doble que el Palacio de Versalles y que el Palacio de Buckingham.

ÚLTIMA SEDE DEL CONSEJO SUPREMO DE LA *INQUISICIÓN* (1735-1785)

El viejo edificio que actuaba como sede del *Consejo Supremo de la Inquisición*, del cual no conocemos su ubicación, estaba en muy mal estado. Mientras que se sopesaba, se aprobaba y se llevaba a cabo el proyecto de una nueva sede, la residencia del inquisidor y sus oficinas fueron trasladadas a unos inmuebles próximos a la calle Puebla (actual Fomento) propiedad del conde de Oropesa.

En 1735 finalmente se aprobó el proyecto y se encargó su ejecución a Ventura Rodríguez (1717-1785), a la sazón, Arquitecto Mayor de Madrid. Las obras se alargaron más de lo previsto, probablemente por falta de fondos y fue su discípulo y heredero en el cargo, Mateo Gruill (1753-1790) quien finalizó el nuevo edificio en 1788. Unos años más tarde, entre 1793 y 1794, los arquitectos José de la Ballina (1725-1807) y Manuel Martín Rodríguez (1751-1823) sobrino de Ventura Rodríguez ejecutaron las obras finales en su interior. Allí tuvo pues su última sede el *Consejo Supremo de la Inquisición* entre 1780 y 1820.

En 1808 la Inquisición fue suprimida por José Bonaparte y poco después por las Cortes de Cádiz (1813). Sin embargo Fernando VII restableció la institución entre 1814 y 1820 año este en el que, arruinada y desprestigiada, fue abolida definitivamente.

Del edificio cabe destacar su soberbio escudo de la fachada principal obra de Ventura Rodríguez.

Última sede del Consejo Supremo de la Inquisición (1735-1788)
(C/Torija nº 14)

NUNCIATURA APOSTÓLICA DE SAN MIGUEL (1739-1745)

En 1690 la antiquísima iglesia de los Santos Justo y Pastor, ya citada en el antiguo fuero de Madrid de 1202, sufrió un incendió terrible quedando totalmente destruida. Allí quedaron sus ruinas hasta que en 1739 se iniciaron las obras de construcción de la nueva iglesia de los Santos Justo y Pastor a instancias del cardenal infante Luis Antonio de Borbón y Farnesio, arzobispo de Toledo (1727-1785) quien costeó la totalidad del edificio. La construcción de la nueva iglesia fue encargada inicialmente a Teodoro Ardemans que llegó solo a diseñarla. Después se encargó a Santiago Bonavia (1695-1759) pero fue finalizada por Virgilio Rabaglio (1711-1800) en 1745.

El tiempo pasó. Durante el reinado de José I la iglesia adquirió una nueva vocación, la de San Miguel, pasándose a llamar iglesia de

Nunciatura Apostólica de San Miguel (1739-745) (C/San Justo nº4)

Nunciatura Apostólica de San Miguel (1739-745)
(C/San Justo nº4) (Interior)

los Santos Justo y Pastor y San Miguel, pero pronto perdió su antigua advocación y quedó simplemente como iglesia de San Miguel.

En 1892 el templo es entregado a la Santa Sede convirtiéndose en Nunciatura Apostólica. En el siglo XX el Opus Dei se hace cargo de ella y comienza una labor de remodelación de su interior, en unos casos afortunada y en otros no. En 1984 es declarada la iglesia Monumento Histórico-Artístico.

En la actualidad, lo más notable del templo es su soberbia fachada convexa que la hace ser referente de la arquitectura barroca española. También son importantes los frescos de la nave central, obra Bartoloméo Rusca (1680-1750) de 1745 y la escultura del santísimo Cristo de la Fe y el Perdón, obra de Luis Salvador Carmona (1708-1767).

EL SEGUNDO GRAN PÓSITO DE MADRID (1745)

Un pósito era un lugar o, mejor dicho, un grupo de estructuras de diversa índole, para almacenar el grano de una comunidad. Se ubicaban los pósitos cerca de las puertas de entrada de las ciudades por donde más cargamento de grano entraba procedente de los diversos campos de cultivo.

Desde el siglo XIV empezaron a sufrir en la villa más o menos regulares episodios de desabastecimiento. Para luchar contra ello, a principios del siglo XVI se empezaron a construir los primeros pósitos, sobre todo en las ciudades castellanas. Los ayuntamientos respectivos establecieron un fuerte control sobre ellos para evitar abusos. Existían dos tipos de pósitos: los públicos, denominados habitualmente *concejiles* y los privados, con muy diversas denominaciones: *píos*, *arcas de misericordia*, *alhóndigas*, *cambras* etc.

En el siglo XVI se estableció el primer pósito de Madrid. Estaba ubicado en la Cava Baja de San Francisco, a la altura de la plaza de Puerta Cerrada. Su organización la llevó a cabo la denominada *Junta de Pósito* y sus ordenanzas eran denominadas *Ordenanzas de pósito*. Pero la necesidad arreciaba; la necesidad de un nuevo pósito, y entre

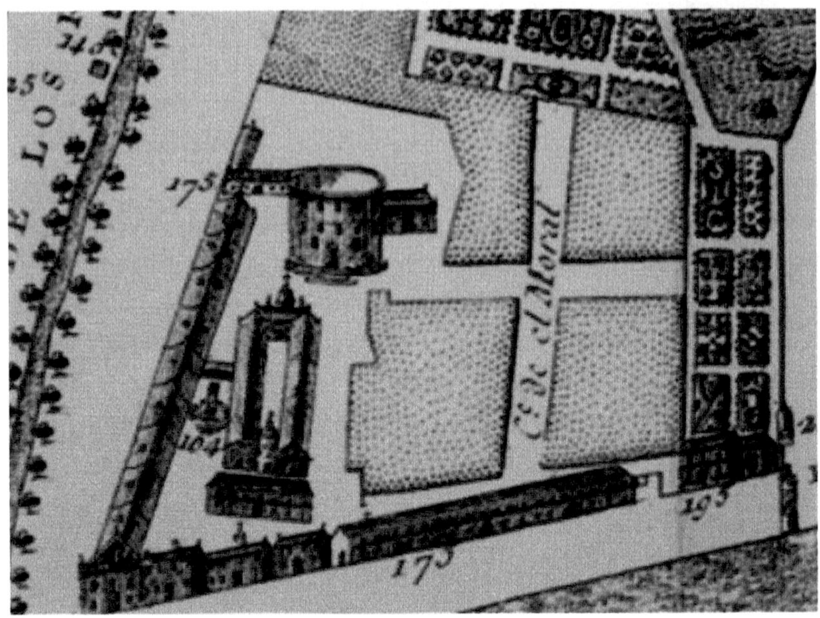

Real Pósito de Madrid (1761)

1664 y 1668 se lleva a cabo la construcción de uno nuevo denominado oficialmente *Pósito de Madrid* o *Pósito de la Villa.* Con trazas y diseño de Juán de Lobera se ubicó en la actual Puerta de Alcalá, una placa conmemorativa da cuenta del lugar exacto. Pero la obra no quedó solo en la construcción de las estructuras arquitectónicas del pósito, además se construyó todo un barrio de 42 casas con una panadería cada una. Este nuevo enclave fue denominado *Hornos de la Villa* u *Hornos de Villanueva*, pues el barrio se denominó barrio de Villanueva.

Parece que en 1743 se eliminaron los ya citados *Hornos de Villanueva*, quedando solo el pósito. Para proteger los negocios de los panaderos de Madrid, el ayuntamiento les invitó a constituirse como gremio; incluso el propio ayuntamiento se comprometió a comprar el trigo necesario y a almacenarlo allí. Con ese objetivo en 1745 se construyó un conjunto de edificios nuevos que las crónicas de la época le calificaban de v*asto y suntuoso.*

Con el tiempo perdió importancia y, por ello, sus grandes instalaciones se usaron para otras actividades. Finalmente fue derribado en 1869. Ocupaba la manzana que se extiende por la cera de la derecha entre la Puerta de Alcalá y la Plaza de Cibeles, según bajamos hacia la fuente. En la actualidad está allí ubicados diversos edificios de vivienda, además de, la Cámara de Comercio (1883) y los palacios de Linares y Zabalburu.

La salud mental y física del rey se deterioran muy rápidamente en los últimos años de su reinado. Es momento de decidir donde descansarán sus restos. Opta por ser enterrado, no en la cripta del monasterio de El Escorial como sus predecesores en el cargo, sino en su queridísimo palacio de La Granja de San Ildefonso que tanto le recordaba a su vida en la corte francesa. En 1746 se produce el fallecimiento.

El trono es heredado por su cuarto hijo de su primera esposa María Luisa Gabriela de Saboya, Fernando, Fernando VI, apodado el rey "prudente", el rey "justo" o el "rey de la paz".

2

Madrid en la época de Fernando VI (1746-1759)

ERMITA DE ¿SAN FERMÍN DE LOS NAVARROS? (1746)

En las actuales calles de Madrazo y Marqués de Cubas, pudo estar, según la actual congregación de san Fermín de los Navarros, la primera ermita de San Fermín de los Navarros.

Fue fundada en 1746. Era de una sola nave irregular dividida en seis tramos. Su puerta principal daba al paseo del Prado. Parece que poseía unos hermosos jardines. En los altares de su interior trabajó el escultor Luis Salvador Carmona (1708-1767).

En 1890 todo fue trasladado a una nueva sede y la ermita fue derruida. Su espacio lo ocupó la ampliación de la calle Greda hacia el Prado conocida hoy como los Madrazos.

IGLESIA DE SAN JOSÉ (1748)

El antiguo convento de San Hermenegildo, construido en 1605, amenazaba ruina. Pedro de Ribera fue el encargado de realizar un proyecto de reconstrucción total del edificio. A su muerte en 1742 las obras continuaron de la mano de José de Arredondo y Fausto Manso quienes, en 1748 culminaron la obra.

Iglesia de San José (1748) (C/Alcalá nº 43)

Iglesia de San José (1748) (C/Alcalá nº 43) (Interior)

A raíz de la exclaustración de las monjas, debido a la desamortización que Mendizábal hiciera en 1846, el convento quedó vacío y unos años más tarde, en 1870 fue derribado respetándose tan solo la iglesia, que hoy conocemos como iglesia de San José. En su lugar se construyó el teatro Apolo, punto de referencia del mundo de la zarzuela hasta su derribo en 1929.

En 1912, con la realización de las obras de la Gran Vía, el arquitecto Juan Moyá de Irigoyen desvirtuó la fachada de la iglesia al elevarla en altura para igualar las casas colindantes. Son obra de este arquitecto la última línea de ventanas y el triángulo que actúa de remate final.

El interior del templo alberga una buena cantidad de obras de diversos autores de los siglos XVIII y XIX. Debemos destacar, sin embargo, el denominado Cristo del desamparo de Alonso de Mena (1587-1646) esculpido en 1631.

PLAZA DE TOROS DE LA PUERTA DE ALCALÁ (1749)

Si bien las corridas de toros son más antiguas, es durante el siglo XVIII cuando se estructuran y se formalizan. Y por ese motivo también es en el siglo XVIII cuando se construyen por primera vez edificios destinados específicamente para ellas. En 1737 se construyó la primera: era estable, fija, con estructuras de madera, pero, de momento, itinerante. Fue ubicada en la actual Dehesa de la Villa.

Entre 1737 y 1748 sabemos que existieron en diversos puntos de la ciudad hasta tres plazas más de similares características. Pero es en 1749 cuando construyó la primera cuyo destino era perdurar en el tiempo. Los planos de la obra se los disputaron tres arquitectos: por un lado, un diseño compartido de Ventura Rodríguez (1717-1785) y Fernando Moradillo y por otro Juan Bautista Sachetti (1690-1764). Tuvo un aforo de 12.000 personas y fue ubicada entre las actuales calles de Claudio Coello, Conde de Aranda y Alcalá, *a 182 metros y 40 centímetros de la Puerta*

Plaza de toros de la calle Alcalá (1749-1874) (C/Alcalá / Claudio Coello / Conde de Aranda)

de Alcalá según nos cuenta López Izquierdo. Existe una placa conmemorativa informando del lugar exacto. En 1754 el rey Fernando VI cedió la totalidad de los beneficios en las corridas al Hospital General.

Perduró esta plaza de toros hasta 1874 momento en el cual fue derribada para llevarse a cabo el magno proyecto urbanístico del marqués de Salamanca (1811-1883)

ESCULTURAS DE DIOSAS DEL PARQUE DEL RETIRO (1750)

En 1750 están datadas tres esculturas ubicadas durante el siglo XX en diversos lugares del parque del Retiro de las que se desconocen absolutamente sus circunstancias históricas. Podría haber, debido a sus características comunes: estilísticas, cronológicas y temáticas un vínculo entre ellas.

Diana cazadora. La pastora (1750) (Paseo de Uruguay (Parque del Retiro))

Venus Diosa Flora (1750) (Jardines de Cecilio Rodríguez
(Parque del Retiro))

Diosa Hera (1750) (Jardines de Herrero Palacios (Parque del Retiro))

LA REGALÍA DE APOSENTO. PLANIMETRÍA GENERAL DE MADRID Y VISITA GENERAL DE CASAS (1750-1751)

La *Regalía de aposento*, era una de las regalías o impuestos de la Corona de Castilla en la Edad Media. Consistía en la obligación de ceder una parte de la propia vivienda para alojar temporalmente a los funcionarios de la corte. Su origen y organización se remonta a la, denominada *Junta de Aposentadores*, creada por Alfonso XI en 1341. Las estancias de las, entonces itinerantes, Cortes Castellanas en las ciudades eran generalmente breves, por lo tanto, esta *Regalía* no suponía un excesivo problema para los propietarios de las casas. Todo cambió cuando, en 1561, Felipe II decidió establecer la corte en Madrid. La *Regalía de aposento* pasaba ahora a ser soportada únicamente por los madrileños. Se acordó entonces que dejara de ser obligatoria. Las autoridades madrileñas representantes de la burguesía local la acordaron explícitamente con el rey a cambio de ciertas ventajas. Dejó entonces de llamarse *Regalía de aposento* pasándose a denominar simplemente *Carga de aposento*.

Los distintos edificios madrileños, a efectos de la nueva carga se agruparon en tres tipos: 1. Casas sujetas al denominado *aposento material* que respondían a lo que fue la carga en sus orígenes: debían ceder la mitad de su superficie útil como alojamiento. 2.Casas que, aunque en principio debían tener esa obligación, quedaban eximidas de ella por su falta de habitabilidad. Este tipo de casas pasaron a ser modelos de construcción por muchos propietarios en adelante con el objetivo de evitar de forma legal el alojamiento de los funcionarios reales (*Casas a malicia o de malicia*). En estos casos, era un canon económico, que se estimaba entre un tercio y la mitad del valor del inmueble en cuestión, lo que debía aportarse y 3. Casas *privilegiadas*, que no tenían la obligación de albergar funcionarios, por donación real o por compra de la exención.

Pasó el tiempo. El rapidísimo crecimiento de la población madrileña (de 2.500 casas en 1561 a 10.000 en 1618) y el ingenio de los constructores de las *casas a malicia*, había hecho que la trama urbana se fuera compactando: o bien por la construcción en espacios interiores e intersticiales (huertos, patios, corrales, callejones); o bien por la ampliación de determinados edificios por derribo o agregación de otros; o bien, finalmente, por la reducción de otros al ser compartimentados. Esto dio lugar a un notable desconocimiento por parte de los funcionaros de la Hacienda Real de las nuevas situaciones domésticas.

Entre 1750 y 1751 para paliar una situación absolutamente descontrolada se llevó a cabo la denominada *Planimetría general de Madrid y visita general de las casas.* Un gran proyecto de organización y clasificación de todas y cada una de las casas de la villa con el objetivo de regularizar su situación a efectos de la carga de aposento. Se desarrolló este ambicioso plan en 3 grandes fases:

1. Eliminación del huésped de aposento sustituyéndose, en todos los casos, por libranza de dinero.

Placas de ordenación urbana (1760)

2. Planimetría de la ciudad: se organizó la ciudad en 557 manzanas y 7800 casas.
3. Visitas: Posteriormente se visitó cada casa y se fijó, según sus características y la revisión de las anteriores visitas (entre 1618 y 1619 y entre 1625 y 1632), la cantidad a tributar.

En 1760 Carlos III ordenó que la numeración se fijara en todas las casas y manzanas por medio de azulejos dispuestos para tal efecto. De estas placas identificativas se conservan por toda la ciudad ejemplares, tal y como vemos en las fotos. Algunas de ellas son originales, otras copias.

No tuvo este gran proyecto urbanístico el éxito que se esperaba, fundamentalmente por tres razones: 1.A partir de 1750 se incentivó poderosamente la construcción de vivienda nueva que, si se hacía según las normas municipales, quedaba exenta de pago. 2.Hubo una importante labor de concentración parcelaria reduciéndose notablemente con el paso del tiempo el número de casas y 3.La importantísima transformación urbana a partir de 1808 y los posteriores procesos desamortizadores de 1808-1813, 1820-1823 y 1837 complicó sobremanera la aplicación del cargo.

La Regalía de aposento fue finalmente abolida en 1845 tras las reformas hacendísticas de Alejandro Mon.

ESCULTURA DE FERNANDO VI (1750-1752)

En 1752 Giovanni Domenico Olivieri (1706-1762) esculpió en Madrid una escultura de cuerpo entero del rey para la fuente del Rey de la vecina villa de Aranjuez. Tras acabarse se llevó a Aranjuez y se instaló en su lugar. Dos años después de morir, en 1761, el nuevo rey Carlos III dio orden de trasladar la extraordinaria escultura a un lugar digno que estuviera en la capital. Fue colocada en el patio del monasterio de la visitación de las Salesas Reales, donde habían sido enterrados ambos: el rey y su esposa Bárbara de Braganza, muerta en 1758.

Escultura de Fernando VI (1750-1752) (Plaza de la Villa de París)

Con la exclaustración del monasterio y su transformación en palacio de justicia en 1882, la estatua es trasladada al lugar donde ahora se ubica junto con otra escultura de similares características, la de Bárbara de Braganza, encargada para la ocasión a Mariano Benlliure (1862-1947) y acabada en 1887.

PUERTA DE HIERRO (1751-1753)

Entre 1751 y 1753 el rey decidió cerrar el perímetro del Real Sitio del Pardo, una zona de caza reservada históricamente a la monarquía. De esa manera evitaba el furtivismo y la fuga de los animales alojados en el coto. Para acceder al vallado encargó al arquitecto Francisco Moradillo la construcción de una puerta monumental cuyo resultado es el que contemplamos en la actualidad. Participaron en su diseño y en el cierre del coto de caza además del propio Francisco Moradillo, el diseñador del proyecto Francisco Nangle, el escultor Juan Domingo Oliveri (1706-1762) y el rejero Francisco Barranco.

Puerta de Hierro (1751-1753) (Salida Nacional 6 carretera de La Coruña)

REAL ACADEMIA DE BELLAS ARTES DE SAN FERNANDO (1752) / PALACIO DE GOYENECHE (1725/1774)

En 1720 el industrial Juan de Goyeneche (1656-1735) decidió establecer su residencia en Madrid. Para ello encargó a José Benito de Churriguera (1665-1725) la construcción de un palacio en la actual calle de Alcalá. Tras la muerte de José Benito de Churriguera las obras fueron concluidas por Alberto de Churriguera (1676-1750) en el mismo año 1725. Allí quedaron, pues, alojados, tras las obras, primero el industrial y luego sus herederos.

Tras el incendio del Real Alcázar en 1734, con la perspectiva de crear un nuevo palacio y dotarle de obras de arte apropiadas, el marqués de Villarías (1687-1766) y el escultor de la casa real Juan Domingo Olivieri (1706-1762) pudieron pergeñar la posibilidad de fundar una Real Academia, similar a las ya creadas, que se dedicara en exclusiva al mundo de las artes.

En 1741 tenía, el propio Olivieri una academia de escultura en unas habitaciones del nuevo palacio todavía en construcción. Esta academia fue el germen de la Real Academia de Bellas Artes de san Fernando. Todo empezó a acelerarse: en 1747 se aprobaron unos primeros, aunque aún no definitivos, estatutos. El 12 de abril de 1752 se dio carácter oficial a la institución siendo el propio rey, hasta entonces no vinculado al plan, su patrocinador y en 1757 se redactaron los estatutos definitivos por mano de Felipe Casero (1711-1775), escultor personal del rey, que hacía las veces de Maestro Extraordinario de escultura en la academia.

Sus actividades se centraron, tal y como en su día se decidiera en cuatro artes: arquitectura, escultura, pintura y grabado. Su objetivo era convertir la materia artística en materia de estudios regulados, superando así la vieja tradición de los estudios de taller. Su sede, en un principio, se ubicó en la Casa de la Panadería. Hasta 1773 cuando, ya reinando Carlos III, el propio rey compró a los herederos de Goyeneche su palacio para convertirlo en la flamante sede de la, también

Palacio de Goyeneche (1725 / 1774) (Actual Museo de la Real Academia de Bellas Artes de San Fernando) (C/Alcalá junto a la Puerta del Sol)

flamante, nueva institución. Un año más tarde, en 1774 el arquitecto Diego de Villanueva (1713-1774) llevó a cabo una reforma profunda del edificio para adaptarlo a las necesidades de su nuevo destino.

Entre 1973 y 1985 el arquitecto Fernando Chueca-Goitia (1911-2004) llevó a cabo una importante reforma estructural. Actualmente, con la práctica peatonalización total de la calle Alcalá a su paso por allí, la Real Academia de Bellas Artes de san Fernando luce un extraordinario y luminoso aspecto.

IGLESIA DE SAN MARCOS (1753)

Allá por 1660 existía, en el lugar donde está ahora la iglesia, un pequeño oratorio, obra de Marcos López. Fue remodelado en diversas ocasiones, primero por Pedro de Ribera (1681-1742) y después por Ventura Rodríguez (1717-1785).

Para conmemorar su victoria en la batalla de Almansa el día de san Marcos del año 1707, quiso el rey Felipe V construir en el lugar del viejo oratorio, paradójicamente también ubicado en la calle san Marcos, una iglesia de mayores dimensiones dedicada a san Marcos. No llegó a ver su obra ni siquiera empezada. Tres años después de su muerte (1649) comenzaron al fin las obras bajo la dirección de Ventura Rodríguez (1717-1785) y en 1753, el templo fue finalmente inaugurado. Este es el templo que vemos en la actualidad.

En 1836 adquirió la categoría de parroquia. En 1925 fue restaurado, tras un incendio, por Francisco García Nava (1868-1937) y en 1944 fue declarado Bien de Interés Cultural.

Posee, para uno de los autores de este libro, el más bello interior de todas las iglesias del siglo XVIII conservadas en la ciudad. Del templo caben destacar, entre multitud de obras de arte, la mayor parte del siglo XVIII, las pinturas de los techos cuyo autor es Luis González Velázquez (1715-1763) y el retablo mayor, obra del propio Ventura Rodríguez.

Iglesia de San Marcos (1749-1753) (C/San Leonardo nº 10)

Iglesia de San Marcos (1749-1753) (C/san Leonardo nº 10) (interior)

Iglesia de San Marcos (1749-1753) (C/san Leonardo nº 10) (interior)

IGLESIA Y CONVENTO DE LAS SALESAS REALES SANTA BÁRBARA (1758)

En 1747 la reina Bárbara de Braganza concibió la idea de fundar un convento con un doble objetivo: ser lugar de educación de las hijas de la nobleza y retirarse ella personalmente allí en caso de que enviudara del rey, hasta el fin de sus días. Para culminar el proyecto se enfrentaron dos candidatos: el italiano Juan Bautista Sachetti (1690-1764) y el francés Françoise Carlier (1707-1760), hijo del paisajista y escultor René Carlier (¿? -1722) que fuese diseñador y trazador, entre otras obras, de los jardines del palacio de san Ildefonso de La Granja. Salió victorioso el francés; comenzó las obras y, tras su muerte, fueron encargadas al español Francisco Moradillo (1720-1784) quien modificó ligeramente el diseño del edificio añadiéndole una gran cúpula y dos torres a la fachada. Las obras se llevaron a cabo de forma rápida, comenzando en 1750 y concluyéndose en 1758, pero resultaron muy

Iglesia y convento de las Salesas Reales Santa Bárbara (1758)
(C/ General Castaños 2)

Iglesia y convento de las Salesas Reales Santa Bárbara (1758)
(C/ General Castaños 2) (interior)

costosas. Su elevado coste provocó las protestas de los madrileños de muchas formas, entre ellas haciendo correr una cancioncilla que rezaba así: *Bárbara reina, Bárbaro gusto, Bárbara obra, Bárbaro gasto.*

La reina nunca pudo habitar su convento pues murió en el mismo año de su conclusión; y allí fue enterrada. El rey, su esposo, embargado por la pena murió un año después, no sin antes solicitar ser enterrado allí junto a su esposa. Y así fue: el rey fue enterrado en una capilla lateral de la iglesia, y, separado por una pared, en otra pequeña capilla adjunta a la propia iglesia, se colocó el sepulcro de la reina. Ambos sepulcros fueron encargados por el hermano del Rey, Carlos III, al escultor Francisco Gutiérrez Arribas (1724-1782).

Pasó el tiempo; y llegó 1870: fueron en este año exclaustradas las monjas Salesas y la superficie de convento se dedicó a Palacio de Justicia; y con esa función continúa en nuestros días. También en 1870, en la capilla opuesta al rey, al otro lado del altar mayor, a un

Iglesia y convento de las Salesas Reales Santa Bárbara (1758)
(C/ General Castaños 2) (sepulcro de Fernando VI)

Iglesia y convento de las Salesas Reales Santa Bárbara (1758)
(C/ General Castaños 2) (sepulcro de Bárbara de Braganza)

sepulcro de mármol de carrara, fueron llevados los restos del político y militar español Leopoldo O´donnell (1809-1867) desde la basílica de Atocha tres años después de su muerte. El sepulcro es obra de Jerónimo Suñol (1839-1902) autor también del monumento a Colón en la plaza del mismo nombre.

A parte de los tres sepulcros la iglesia alberga importantes obras de diversos autores fundamentalmente del siglo XVIII entre ellos Olivieri, y un extraordinario órgano, todavía en uso, construido por Fray José de Monticelli en Nápoles, por encargo del cantante Farinelli (1705-1782).

Allí, en efecto quedaron ambos, enterrados, Fernando VI de España llamado *el prudente* unas veces y también *el justo*, y su querida Bárbara de Braganza. Tras el fallecimiento prematuro de Luis I y después de Fernando VI sin descendencia, el trono de España pasó al tercer hijo varón de Felipe V, Carlos, a la sazón Rey de Nápoles y Sicilia y que pasó a reinar como Carlos III de España.

3

Madrid en la época de Carlos III (1759-1788)

REAL FÁBRICA DE PORCELANAS DEL RETIRO (1760)

En 1760, un año después de llegar al poder, por iniciativa del propio rey fue fundada la *Real Fábrica de Porcelanas* a la manera de la fábrica similar de *Capodimonte* en Nápoles que el monarca conocía de su anterior período virreinal. De hecho, de Nápoles se trajeron los primeros artesanos con su instrumental y la pasta especial para crear la porcelana.

Fue ubicada en la superficie ocupada en la actualidad por la fuente del ángel caído, la rosaleda y la salida del parque a la cuesta de Moyano.

En un primer momento sus producciones tenían como destino el propio Palacio Real de Madrid, así como los restantes Reales Sitios, pero pronto se vio en términos de igualdad con las grandes porcelanas extranjeras europeas como la de Sevres, la propia Capodimonte o las porcelanas británicas.

Su producción era selecta, no masiva y su marca de reconocimiento una flor de lis, emblema de la casa de Borbón. Tuvieron estas porcelanas del Retiro, incluso en la gente culta, un cierto contenido supersticioso. Se decía que algunas piezas daban suerte o ánimo especial a sus propietarios mientras que otras lo contrario.

Siendo el Retiro un lugar de guerra, durante los sucesos de la guerra de la independencia el edificio fue muy dañado por las tropas francesas, pero en realidad, fueron las tropas inglesas las que, al final de la contienda arrasaron sus instalaciones por motivos estrictamente comerciales.

FACHADA DE SAN MILLÁN Y SAN CAYETANO (1761)

Comenzó a construirse esta iglesia en 1669. En su largo proceso de creación, pasó por las manos: primero de José de Churriguera (1665-1725), después de Pedro de Ribera (1682-1742) y finalmente fue concluida por Francisco de Moradillo (1720-1784) quien construyó la fachada que ahora observamos en 1761.

Fachada de la iglesia de San Millán y San Cayetano (1761)
(C/Embajadores 15)

Pasó el tiempo sin excesivos contratiempos. Durante la guerra civil fue incendiada en su totalidad, quedando de su antigua estructura solo la citada fachada. Tras la guerra comenzó una lenta reconstrucción del edificio que finalmente concluyó en 1962 momento en el que se volvió a abrir al público y al culto.

En una de las capillas, bajo una sencilla lápida, se encuentra la sepultura de Pedro de Ribera (1682-1742) quien vivía frente a la iglesia.

REGLAMENTO DE ALUMBRADO DE LA CIUDAD (1761-1765)

A partir del último tercio del siglo XVII se dieron los primeros pasos para iluminar la ciudad de Madrid. Comenzaron a instalarse, por esas fechas, los primeros farolillos de aceite y mecha colgados de palomillas en diversos edificios. Se acordó que fueran los propietarios de los edificios en cuestión los encargados de mantener encendido y a punto sus farolillos. Madrid se empezaba a iluminar, pero en poca medida se cumplían las obligaciones impuestas.

Comprobando el escaso éxito se dio un paso más y, desde la primera mitad del siglo XVIII, empezaron a sucederse constantes bandos municipales que intentaban obligar a los propietarios de los faroles a mantener la ciudad iluminada; de nuevo con escaso éxito. Fue entonces cuando el propio rey tomó medidas mucho más drásticas. A la vista de la poca colaboración de los madrileños y aplicando el viejo lema del Despotismo Ilustrado: "Todo por el pueblo...en 1761 se reglamentó el alumbrado de la ciudad y cuatro años más tarde, en 1765 se creó por Real Orden un cuerpo municipal encargado de conservación, cuidado, encendido y apagado de los farolillos existentes que pasaron a ser públicos, (...pero sin el pueblo"), eximiendo así a los madrileños de toda responsabilidad. Madrid, por fin, comenzó a iluminarse. Aún con todo, podemos detectar que no tuvo excesiva trascendencia este nuevo hecho.

Así describe Alberto Guerrero Fernández los primeros farolillos madrileños:

> Estos primeros faroles de Madrid de los Borbones, seguían colgando por medio de palomillas y pernios de las fachadas y eran obra de hojalateros y vidrieros; sus tamaños podían ser muy variados, desde pequeños farolillos hasta alcanzar dimensiones considerables; sus formas podían ser cilíndricas, cuadrangulares, sin olvidar su estética más o menos complicada, la cual se podía adornar incluso con placas recortadas con diversas figuraciones, como hojarascas, motivos florales etc., dependiendo del lugar donde se ubicase el farol. (Guerrero Fernández, A. archivo de internet)

Con la llegada del siglo XIX se establece la tipología específica de alumbrado que, más o menos, se mantiene hasta la fecha: Faroles (luminarias colgadas de los edificios al modo antiguo) Farolas (luminarias sobre una base y de una sola luz) y candelabros (luminarias sobre una base, pero con varios brazos). Se mantiene el alumbrado con mecha, aunque poco a poco se va modernizando. En 1832 aparece en Madrid la primera farola con alumbrado de gas y veinte años más tarde (1852) la primera con alumbrado eléctrico.

JARDINES DEL PALACIO DEL PRÍNCIPE DE ANGLONA (1761 APROX.)

En 1530 Francisco Vargas, consejero de los Reyes Católicos, se construyó un palacio con un pequeño jardín en el lugar donde actualmente se ubica el palacio del príncipe de Anglona. Entre 1665 y 1690, Pedro Alcántara Téllez Girón II príncipe de Anglona habitó y reformó la estancia. Una nueva restauración sufrió el palacio en 1776 y una última reforma que es la que le ha dado el aspecto actual, se llevó a cabo en 1802.

En cuanto al jardín; fue diseñado en 1761 por Nicolas Chalmandrier (siglo XVIII) cartógrafo y paisajista francés que sirvió en España y Francia entre 1765 y 1782. Su aspecto actual, con muchas reminiscencias dieciochescas, sin embargo, se debe a una reforma de 1920.

Tras las reformas del siglo XX el conjunto fue abandonado. En 1978 pasó a manos del Ayuntamiento que, tras una restauración en 1987 lo abrió al público en 2002.

Jardines del príncipe de Anglona (1761 aprox.) (Plaza de la Paja)

PROYECTO DEL "SALÓN DEL PRADO" (I-IX) (1763-1826)

Para hablar del proyecto del Salón del Prado tenemos que empezar por recordar que la ciudad de Madrid se distribuye siguiendo su orografía y en consecuencia se va extendiendo entre sus colinas, ríos y riachuelos; tomando como eje el río Manzanares y como ejes menores sus afluentes, riachuelos y manantiales, que en aquella época eran muchos. Entre los arroyos destacaban, el arroyo del Albroñigal (que coincidiría con un tramo oriental de la M-30) y el arroyo de la Fuente de la Castellana (el cual sería fraccionado en tres partes: el más largo es el que correspondería con el actual paseo de la Castellana y los otros dos, son el de Recoletos y el Prado). Los arroyos menores también sirvieron como cuestas, calles y avenidas y algunas de ellas aún hoy conservan el nombre de dichos arroyos: Embajadores, Leganitos, Maudes o el de Luche (Aluche).

La primera actuación en lo que sería el futuro *Salón del Prado* data de 1570 bajo el impulso de Felipe II que nueve años antes había establecido la Corte en Madrid. Se tomó la decisión de reorganizar una zona que consistía en un conjunto de solares y prados silvestre situados alrededor del monasterio de San Jerónimo el Real que marcaban el límite oriental del casco urbano madrileño (Prado de San Jerónimo). En sus proximidades existían otras dos zonas designadas como prados: el Prado de los Recoletos Agustinos (coincidentes con el paseo de Recoletos) y el Prado de Atocha (actual plaza de Carlos V). La reorganización se realizó con la intención de hacer de esos espacios extramuros, conocidos bajo el nombre de Prado Viejo, un sitio de recreo que sirviera como lugar de esparcimiento a los madrileños. El proyecto consistió en la alineación de las manzanas orientales de la ciudad para la creación de la zona de esparcimiento, articulada alrededor del cauce del desaparecido arroyo de la Fuente Castellana que discurría al este del casco urbano. Producto de esta iniciativa fue la plantación de una arboleda longitudinal, dispuesta en única hilera en el caso del Prado de los Recoletos Agustinos y de tres en el caso del prado de San Jerónimo.

En época de Felipe IV se construyó el palacio del Buen Retiro, justo al lado opuesto del Alcázar Real, de manera que el tránsito por estos lugares se hizo mayor y por ello en este momento es cuando se realizó un embellecimiento de la zona. Se construyeron puentecillos, se instalaron fuentes e incluso se levantó un edificio de nueva planta para el ocio denominado *Torrecilla de la Música* (1620), donde se amenizaba con música a los paseantes en las tardes veraniegas y en el que se vendía aloja (bebida compuesta de agua, miel, levadura, canela y otras especies que se enfriada con nieve) para refrescarse. Dicho edificio fue demolido en el siglo XVIII por el conde de Aranda (presidente del Consejo de Castilla) para realizar, precisamente, el proyecto del *Salón del Prado*.

En tiempos de Fernando VI, el marqués de la Ensenada (ministro y consejero real) mandó realizar varias obras de saneamiento en el paseo del Prado, ya que, debido a su orografía, la zona empezó a ser cada vez más cenagosa y fangosa, a lo que se unía su uso como vertedero improvisado por parte de algunos desaprensivos. El marqués de la Ensenada para sanearla mandó terraplenar la zona, desecando las zonas cenagosas y adoquinándolas después. El encargo recayó en el arquitecto Juan Bautista Sacchetti (1690-1764), en cuyo proyecto se diseñaron tres fuentes menores y la puerta monumental de Recoletos (ubicada a la altura de la Biblioteca Nacional), hoy desaparecida.

Durante su reinado, Carlos III mandó realizar un proyecto urbanístico en lo que entonces era la periferia de Madrid: el Prado Viejo, que, pese a ser un paseo popular ya en aquella época había ido cayendo en estado de abandono, perdiendo su función de esparcimiento. Dicho proyecto buscaba dar a la capital un aspecto moderno e ilustrado, intentando crear un paseo de los más bellos de Europa. El proyecto fue denominado *proyecto del Salón del Prado*.

Promovido por el conde de Aranda (1719-1798) los trabajos se iniciaron en el año 1763. Se trataba de integrar de forma unitaria los fragmentos dispersos del espacio de transición entre la ciudad y el conjunto palatino del Buen Retiro. El concepto neoclásico que tenía pensado desarrollar era una especie de circo romano moderno: para ello se aprovechó la disposición horizontal y la amplitud del ya existente prado de san Jerónimo, ubicando en los extremos dos fuentes enfrentadas de dioses clásicos (Cibeles y Neptuno), creando una espina central como paseo en la que iría emplazada en el centro una tercera fuente (fuente de Apolo o la también llamada de las Cuatro Estaciones) basándose Ventura Rodríguez en los cuatro elementos: el agua, representada por Neptuno que se situaba enfrentado a Cibeles identificada con Gea, símbolo de la tierra; y por último, Apolo identificado simultáneamente con el aire y el fuego, que, además, representaba el poder sobre las artes y las ciencias ubicándose entre los otros dos dioses. Todo ello se completó finalmente con la distribución a su alrededor de edificios dedicados a la ciencia, al estudio y la difusión. El plan fue ordenado urbanísticamente por José de Hermosilla (1715-1776). Las fuentes y todos los elementos ornamentales fueron proyectados por Ventura Rodríguez (1717-1785).

Se comenzó por allanar el terreno, cubriendo, de esa manera, la hondonada del arroyo de la Fuente Castellana y después se plantaron nuevos árboles con el visto bueno del Concejo de Madrid que finalmente fue el encargado, de llevar a cabo las obras y de su financiación. La financiación se realizó a través de la subida de impuestos, creándose multas exprofeso, como los impuestos a cocheros que corriesen o trotasen más deprisa en calles y paseos de la corte. El flamante Salón del Prado quedó dividido en tres tramos: el primero de ellos con la fuente de Apolo en el centro y con las fuentes de Cibeles y Neptuno en los extremos, este tramo recibiría el nombre de Prado de Apolo. El segundo tramo iba de la fuente de Neptuno al Real Jardín Botánico; en su centro se dispuso una glorieta con cuatro fuentes menores. Y por último el tercer tramo cuyo paseo discurría delante de la fachada del Real Jardín Botánico al final del cual se colocó la, denominada, puerta de Atocha o de Vallecas, hoy desaparecida y la fuente de la Alcachofa, hoy en el parque del Retiro. La obra se remató con el ennoblecimiento y mejora de todo el entorno que rodeaba al jardín del Retiro, y la remodelación de la, ya existente, Puerta de Alcalá (1774-1778).

El paseo sería, además, *Ilustrado* porque en torno a él se levantarían tres edificios para el estudio y la investigación. Estos edificios, *Real Jardín Botánico*, *Real Observatorio Astronómico* y *Pabellón de Ciencias Naturales* (hoy Museo Nacional del Prado), constituyeron lo que se vino a llamar la *Colina de las Ciencias*. También fueron parte del *Salón del Prado* la *Real Fábrica de Platería* y la *Real Fábrica de Porcelanas del Retiro*, ya mencionada, hoy desaparecidos; así como la remodelación del Hospital General (hoy sede del Museo Reina Sofía). Todos proyectados por Juan de Villanueva (1739-1811).

De la época de la creación del Salón del Prado, aunque destinados inicialmente a residencias particulares, por lo tanto, no vinculados estrictamente al citado proyecto urbanístico, quedan, en la actualidad, el palacio de Buenavista (actual Cuartel General del Ejército) y el palacio de Villahermosa (hoy museo Thyssen-Bornemisza) muy reformado en los siglos posteriores.

I. Fuente de Cibeles (1777-1782)

Diseñada por Ventura Rodríguez (1717-1785)en el año 1776 por encargo del Consejo de Castilla dentro del proyecto y programa iconográfico del Salón del Prado. De corte clasicista, representa a la diosa romana Cibeles, símbolo de la tierra, la agricultura y la fecundidad, subida en un carro tirado por dos leones, Hipómenes y Atalanta (dos amantes convertidos en leones y obligados a tirar de su carro como castigo) y lleva en sus manos un cetro y las llaves de la ciudad. Su ejecución se realizó entre los años 1777-1782, aunque no comenzó a funcionar hasta 1791.

Los artistas encargados de su ejecución fueron: Francisco Gutiérrez Arribas (1727-1782) que se encargó de realizar la figura de la diosa y del carro; Roberto Michel (1720-1786) que se ocupó de realizar los leones y por último Miguel Ximénez que se ocupó de realizar todos los adornos siguiendo el diseño de Ventura Rodríguez. Los leones

Vista de la fuente de Cibeles y el palacio de Buenavista (1836) óleo sobre lienzo. José María Avrial y Flores (1807-1891)

fueron esculpidos en mármol de Montesclaros (Toledo) al igual que la diosa y el carro. El resto se pensó realizar en piedra de Redueña (Madrid), aunque finalmente el terrazo sobre el que va el carro se hizo en mármol y el pilón de la fuente en granito.

Antes de llevar a cabo el proyecto Miguel Ximénez se encargó de la elaboración de dos modelos de madera con detalles en cera y se dieron las instrucciones para la extracción de la piedra. El bloque principal tardó noventa y dos días en traerse hasta la capital.

En un principio Ventura Rodríguez pensó colocar en la parte delantera una figura infantil sobre una jarra como surtidor público que sería alimentado por el nuevo viaje del agua de Atocha. Éste no llegaría a colocarse sirviendo el pilón solo de abrevadero. Tampoco el pilón se hizo tetralobulado como se diseñó originalmente, haciéndose circular.

En 1791 Juan de Villanueva (Maestro Mayor de Madrid) (1739-1811) propuso colocar a los costados de la fuente dos esculturas de piedra de los emblemas heráldicos de la ciudad de Madrid, un dragón representado por un grifo (animal mitológico que es mitad águila, mitad león) y un oso, que arrojaban agua por unos caños de bronce insertados en sus bocas. Ambas fueron realizadas por Alfonso Bergaz (1744-1812). El dragón se destinó para el uso público, mientras que el oso sería usado por los aguadores asignados a la fuente. Estos se realizaron en 1794. Ya por 1862 ambos fueron retirados prohibiéndose el uso público de la fuente. Hoy ambas figuras se encuentran en el Museo de los Orígenes (Casa de San Isidro).

En 1891 la fuente fue trasladada al centro de plaza debido a una reorganización urbanística y en 1894 a propuesta de José López Sallaberry (1858-1927) se cambió de orientación de la diosa. En lugar de norte-sur, pasó a este-oeste, mirando hacia la Puerta del Sol. También se la elevó tres metros de altura debido a que al elevarse las rasantes de su entorno la pila de agua fue quedando semienterrada. En la parte trasera de la diosa se instalaron en mármol de Carrara dos niños, uno agarrando un ánfora y otro elevando una caracola, para embellecer la desnuda parte trasera del carro que ahora había quedado orientada hacia la Puerta de Alcalá.

Fuente de Cibeles (1777-1782) (Plaza de Cibeles)

En 1931, con la proclamación de la segunda república la diosa perdió la mano derecha y la llave que llevaba en la izquierda. En 1936 con la guerra civil sufrió varios daños a causa de un bombardeo en los brazos y nariz, también perdió el hocico el león izquierdo. Por ello se construyó un búnker para su protección de ladrillos y sacos de tierra. En 1968 se hizo la gran última reforma bajo la tutela de Manuel Herrero Palacios, que eliminó la rocalla decimonónica, elevando la escultura sobre un escalón estriado para crear un efecto de cascada.

II. Real Fábrica de Platería Martínez (1778)

Avanzaba el reinado del monarca y llegó 1778. Por aquellos momentos andaba por Madrid Antonio Martínez Barrio (1750-1798). Fue Antonio hijo de un platero aragonés, de Huesca concretamente. Se formó, según parece, en dibujo y pintura con los hermanos Bayeu: Francisco (1734-1795) y Ramón (1744-1793) y quizá con el propio Francisco de

Antonio Martínez Barrio (1778-1780) Óleo sobre lienzo
Francisco Bayeu y Subías (1734-1795)

Goya (1746-1828). Tras formarse viajó en 1774 por Europa, sobre todo por Francia y Reino Unido, aprendiendo orfebrería con los mejores plateros de ambos países. Cuando volvió en 1776, creó su propia escuela: Escuela *de Platería Martínez.* Carlos III estaba muy interesado en crear en Madrid una escuela de orfebrería. Siendo imposible para el orfebre ejercer como platero sin el consentimiento real contactó el rey con él, pues, según las fuentes, no le era desconocido y mediante una Real Cédula del 29 de abril de 1778 se fundó la *Real Fábrica de Platería Martínez*, conocida muy pronto entre los madrileños como *Escuela de Platería Martínez.*

La nueva fundación cultural regia se ubicó en la actual plaza de la Platería de Martínez, en el paseo del Prado frente al Real Jardín Botánico. En aquel solar existían unas huertas y un viejo palacio; del siglo XVI probablemente las primeras, del siglo XVII el segundo, todo ello fue debidamente acondicionado para albergar aquella nueva y flamante institución. Se estableció una cuota máxima de 16 alumnos todos ellos menores de 20 años.

Platería de Martinez.

Real Escuela de Platería Martínez (1876)

Sirvió esta escuela piezas para toda España, obviamente los clientes más habituales fueron la nobleza y, especialmente, el ámbito eclesiástico. Durante el reinado de Isabel II (1833-1868) tuvo su gran época de expansión para luego, a partir de 1869 caer en constante e inevitable decadencia hasta 1920, momento en el cual, con la demolición del edificio, a la institución en conjunto se le perdió definitivamente la pista.

III. Las cuatro Fuentes del Prado (1781) (copias de fin. Siglo XX)

Son un conjunto de cuatro fuentes menores o fuentecillas de ahí que se las conozca por ambos nombres. Ubicadas entre el Jardín Botánico y el hoy Museo del Prado. Fueron diseñadas por Ventura Rodríguez en 1781 con forma idéntica: en las cuatro se eleva un tritón que sujeta a su vez un delfín, de cuyas bocas surge el agua.

Las fuentes fueron labradas por los escultores Roberto Michel (1720-1786), Narciso Aldebó, José Rodríguez Francisco Gutiérrez y Alfonso Giraldo Bergaz (1744-1812), siendo estos dos últimos quienes realizaron los grupos escultóricos principales. Fueron esculpidos en piedra caliza de Colmenar de Oreja (Madrid) y, debido al deterioro de estas piedras por el paso de los años, en 1996, los originales fueron sustituidos por otro material más resistente, la resina epoxídica. Los originales se pueden ver hoy en el Museo de los Orígenes de Madrid.

Hasta el siglo XVIII, el pueblo llano de Madrid solía celebrar el día de San Juan y de San Pedro en donde hoy se encuentran dichas fuentes. La tradición contaba que el día 23 de junio, se solía comer en el río Manzanares entre los puentes de Segovia y de Toledo, para luego dirigirse a la feria del paseo del Prado. Por ello, en un principio, nuestro paseo tuvo como nombre original el del Prado de San Juan. Mientras que el pueblo llano se ubicaba en estos entornos, la corte y la nobleza, lo celebraba en el palacio y jardines del Retiro.

Figuras 1-4: Cuatro Fuentes del Prado (1766-1799) (copias de finales del siglo XX) (Paseo del Prado)

3

4

IV. Real Jardín Botánico de Madrid (1781)

El interés por la botánica durante el siglo XVIII en España se tradujo en la creación, ya en 1755, y por real orden del rey Fernando VI, del *Real Jardín Botánico de Soto de Migas Calientes*, primer jardín botánico como tal, situado a orillas del río Manzanares (se cree que ocupaba una zona donde hoy se encuentran unos viveros municipales, cerca de la Puerta de Hierro) y que llegó a contar con tres mil plantas. Este nombre tan curioso lo tomó de un mesón que se ubicaba por allí y cuyo plato típico eran las migas calientes. Como todos los jardines botánicos del momento, surgió a partir de unos huertos y no solo fue creado para el uso y el recreo de los ciudadanos sino también para los estudios botánicos pues fue una institución asociada a las universidades. El propio monarca encargó su ejecución al cirujano y botánico, José Quer y Martínez (1695-1764), el cual arrancó todos los árboles frutales y plantas originales para sembrar plantas traídas por él mismo de sus diferentes excursiones.

Más tarde Carlos III ordenó a través del Real Decreto de 25 de junio de 1774 su trasladado al Prado Viejo de Atocha, siendo este su emplazamiento actual. El nuevo y flamante Jardín Botánico fue inaugurado en el año 1781 con la denominación de *Real Jardín Botánico de Madrid*. Para su construcción la corona compró a Mariana Martín Preciado unas huertas en el Prado Viejo de Atocha junto con otras huertas colindantes. El rey intervino personalmente en la toma de decisiones.

El plano original del *Real Jardín Botánico* aprobado por Francisco Sabatini (1721-1797) en 1778 fue un diseño fragmentado que reflejaba el estilo decadente típico del último barroco. Este proyecto recibió fuertes críticas de modo que en 1780 se elaboró uno nuevo, esta vez realizado por Juan de Villanueva (1739-1811) en 1786, quien buscó un rigor geométrico y racional típico del neoclasicismo cuyas proporciones trasmitían orden y armonía y en el que se respetó el trazado original tan solo eliminando las tendencias barrocas. Se respetaron de la estructura: la línea perimetral, la organización en tres terrazas

Puerta del Rey (1781) Real Jardín Botánico de Madrid

para amoldarse a la pendiente natural del arroyo de la Castellana, y, por supuesto, los accesos, como la puerta del Rey (1781) (proyectada por Sabatini y terminada por Villanueva). Por su parte, los cambios que introdujo Villanueva fueron: los edificios del interior, como la estufa fría o la puerta Norte (1789) (hoy la puerta principal).

Tras la Guerra de la Independencia el Jardín Botánico quedó en un estado de ruina y no se acometió reforma alguna hasta el reinado de Isabel II. Ya en los planos de 1786 aparecía el invernadero, aunque en 1856 se levantó uno nuevo y se remodeló la terraza superior. En 1860 se colocó un zoológico que, años más tarde se trasladó al jardín del Buen Retiro.

A partir de 1865 se añadirán cuatro estatuas de ilustres botánicos, antiguos responsables del Jardín Botánico entre los siglos XVIII y XIX, terminadas en el propio año 1865 y colocadas un año más tarde, en 1866, en la terraza media. Corresponden estas esculturas al propio José Quer y Martínez (1695-1764), a Antonio José

Cavanilles y Palop (1745-1804), a Mariano Lagasca (1776-1839), y a Simón de Rojas Clemente (1777-1827). La estatua de Carlos III que hoy podemos contemplar es una réplica en bronce de la que se puede observar en la plaza mayor de Burgos, realizada por Alfonso Bergazten, el, por entonces, director de la Real Academia de Bellas Artes de san Fernando, dos años después de la inauguración del Jardín Botánico (1783).

En 1886 un ciclón destruyó 564 árboles centenarios. A partir de este momento el tiempo fue pasando sin excesivos contratiempos; en 1939 el *Real Jardín Botánico* se incorpora al C.S.I.C. (Consejo Superior de Investigaciones científicas) unos años más tarde, en 1942, es declarado Jardín de Interés Artístico. En 1974 la institución se cierra temporalmente para una serie de reformas. Finalizadas las mismas vuelve a abrirse en 1981.

Puerta de Murillo o Puerta Norte (1789) Real Jardín Botánico de Madrid

V. Fuente de la Alcachofa (1782)

La actual plaza del emperador Carlos V era, por entonces, una de las plazas más animadas y populosas de la ciudad. Viendo ello el rey decidió adornarla colocando, junto a la puerta de Atocha una bonita fuente. Se proyectó en 1776 encargando su diseño a Ventura Rodríguez (1717-1785) y su ejecución a los escultores Alfonso Giraldo Bergaz (1744-1812), Antonio Primo y José Rodríguez. Fue finalmente construida y colocada entre 1781 y 1782.

En 1847 fue restaurada y tras su restauración, fue ubicada en el sitio donde ahora la encontramos: plazoleta de la República de Honduras, jardines del Retiro. Se quedó, pues la plaza sin fuente; y así estuvo hasta 1986.

Justo antes de su muerte Enrique Tierno Galván (1918-1986) promovió la iniciativa de construir una reproducción de la fuente en bronce y ubicarla en la plaza de Carlos V. En 1987 la plaza volvió a tener su fuente.

Fuente de la alcachofa (1782) (Plazoleta de la República de Honduras, Jardines del Retiro)

VI. Gabinete de Historia Natural (actual Museo del Prado) (1785)

Esta institución llegó a ser una de las más importantes del reinado de Carlos III. Fue fundada en 1771 a instancias de Pedro Franco Dávila (1711-1786) quien ofreció a Carlos III la colección que había ido formando en Paris. En un principio se eligió como su sede el palacio de Goyeneche (calle Alcalá, 13) donde se instaló, abriendo al público el 4 de noviembre de 1776. Pero pronto, gracias a las aportaciones, que fueron incrementando sus colecciones, el espacio se fue quedando insuficiente y Carlos III en 1785 decidió levantar un nuevo edificio en el proyectado Salón del Prado.

La nueva sede se levantó en 1785 de la mano del arquitecto Juan de Villanueva. El edificio es de un estilo neoclásico español perfecto, compuesto por tres pabellones que, a su vez, se encuentran conectados mediante una galería central en tres alturas distintas: el edificio de la izquierda sería de planta al modo clásico que recuerda al panteón de Roma (puerta de Goya); el edificio central sería de planta basilical (puerta de Velázquez); y el edificio de la derecha semeja la planta de las *domus* o casas romanas (puerta de Murillo).

Las obras se desarrollaron durante los reinados de Carlos III y Carlos IV, quedando casi terminado a principios del siglo XIX. Pero en la guerra de la Independencia,con la llegada de las tropas francesas, el edificio fue seriamente dañado debido, en parte, a que fue utilizado como cuartel de caballería y, en parte, a que el plomo de sus cubiertas fue utilizado para producir proyectiles.

La reforma llegó en época de Fernando VII, bajo la dirección del discípulo de Juan de Villanueva, Antonio López Aguado (1764-1831). Esta reforma fue promovida por su esposa, la reina Isabel de Braganza, quien tomó la decisión de recuperar el edificio sobre la base de los planos de Villanueva y destinarlo a la creación de un Real Museo de Pinturas y Esculturas. Tras esta reforma, el edificio fue abierto en 1819, como museo para admirar las colecciones reales. Isabel de Braganza falleció antes de poder verlo realizado.

Gabinete de Historia Natural (1785-1826) (Paseo del Prado, actual Museo del Prado)

De esta reforma destaca el friso, ubicado sobre la puerta central (puerta de Velázquez). En él se puede apreciar un medio relieve de estilo clásico. Es una representación alegórica en la que aparece representado un Fernando VII sentado (con traje de gala y la distintiva Orden de Carlos III) como protector de las artes (recibiendo los tributos de Minerva y las Bellas Artes). Frente al monarca se aproxima la arquitectura de rodillas; la pintura sujetando un retrato de su esposa, la reina Isabel de Braganza, y la escultura. Luego a la izquierda aparecen: Clío, la musa de la Historia, escribiendo sobre el tiempo; Cronos y Urania, diosa de las ciencias. A la derecha encontramos a la Sabiduría; a Apolo con la lira representando la Poesía; a Neptuno y a Mercurio que representa la elocuencia y la razón.

Con el tiempo se han ido acometiendo nuevas ampliaciones y reformas. Entre todas ellas la más destacada fue la realizada en 1853 en la que se acometió la obra de acceso a las taquillas (antes había una gran rampa que fue desmontada) y se creó la escalera monumental que hoy vemos obra de Francisco Jareño (1818-1892). Entre 1952 y 1956 el arquitecto Fernando Chueca Goitia (1911-2004) añadió dieciséis nuevas salas elevando la crujía en el costado oriental. Y ya entre 2001 y 2007 Rafael Moneo (1937) incorporó un cubo al añadir al museo el claustro de los Jerónimos.

VII. Real Observatorio Astronómico de Madrid" (1785)

En el siglo XVIII, momento en el que nació el Real Observatorio de Madrid, se desarrolló extraordinariamente la actividad científica y en particular el campo de la astronomía, en el que se produjeron importantes avances. Es por ello que fue una época de consolidación por toda Europa de observatorios astronómicos.

Consciente de ello, Carlos III se dispuso a crear uno en Madrid y con ello contribuir a dar una imagen culta y en vanguardia de la corte madrileña. Otro motivo, no menos importante, fue la sugerencia que el marino Jorge Juan le hizo. Jorge Juan (1713-1773), conocedor de la astronomía de su tiempo, sabía de la importancia de las aplicaciones útiles de la astronomía en otras ciencias como la cartografía y la náutica y la importancia de éstas, a su vez, en los campos de la cultura y del comercio de ultramar.

En el año 1790, reinando ya Carlos IV, el Conde de Floridablanca (primer ministro de Estado de aquel), dio, finalmente, luz verde a la construcción de un edificio proyectado por Villanueva para el Real Observatorio de Madrid. El lugar elegido fue una pequeña colina conocida como cerrillo de San Blas (por una pequeña ermita que había en él dedicada a este santo) en lo que entonces eran las afueras de Madrid por el sureste. La primera piedra se colocó en el año 1790. Ese año se firmó el decreto de constitución y se encargó el instrumental del observatorio, sobre todo el famoso telescopio reflector de 25 pies (7,6 m) de distancia focal y espejo de 2 pies (61 cm) de diámetro, solicitado al famoso astrónomo William Herschel (1738-1822).

Real Observatorio Astronómico (1785) (C/ Alfonso XII nº3)

A pesar de las dificultades en la construcción (hubo bastantes modificaciones), en el año 1808 la obra quedó ya finalizada, a excepción de algunos elementos: el acristalamiento del templete, las columnas interiores de los cuerpos y las estatuas del pórtico (Gea y Urania). Salvo el acristalamiento, las demás obras no llegaron a realizarse nunca. El resultado fue un edificio claramente neoclásico caracterizado por la sobriedad, la simetría y la armonización de los distintos elementos clásicos: de planta cruciforme, alas iguales, pórtico con columnas y en lo alto cuatro pequeñas cúpulas rodeando un gran templete que corona el edificio. Esta simetría se romperá posteriormente, cuando con el tiempo, se instalen las modificaciones necesarias para instalar en el ala este del edificio un círculo meridiano y un colimador.

En la guerra de la independencia el observatorio fue invadido por las tropas de Napoleón. Estas utilizaron el edificio como cuartel, a la vez que usaban sus elementos como polvorín, entre estos elementos destacó el gran telescopio de Herschel, que fue usado como leña para calentarse y su metal para munición. El edificio quedó muy deteriorado y el observatorio, a partir de entonces, vivió un periodo de decadencia que llegó a su fin durante el reinado de Isabel II.

Será ella quien restablezca el observatorio, comenzando una nueva etapa que no se ha interrumpido hasta nuestros días. En esta nueva etapa fue decisiva la figura de Antonio Gil de Zárate (1793-1861) (Director General de Instrucción Pública) que encargó una primera restauración del edificio de Villanueva al arquitecto mayor de la reina, Narciso Pascual Colomer (1808-1870). Esta intervención finalizará en 1846 con algunas modificaciones sobre el proyecto de Villanueva: se añadirán dos cupulines en la fachada principal y se rematará la cornisa con una barandilla isabelina.

La siguiente intervención sobre el edificio se realizará en torno a 1850,debido a la instalación de un círculo meridiano en el ala este del edificio de Villanueva; para ello fue necesario practicar una abertura

Telescopio Herschel (principios del siglo XIX) (Reproducción) (Observatorio Astronómico)

en forma de fina ventana y posteriormente la instalación de un colimidor el cual permitiría ajustar la alineación del telescopio meridiano.

Y así, a lo largo de los siglos XIX y XX el Real Observatorio irá sumando nuevos edificios. A mediados del XIX se construyó un edificio copulado en el que se instaló un telescopio ecuatorial; también por entonces se realizaron las viviendas de los astrónomos residentes, que con el tiempo, se terminarán por convertir en despachos; pero eso ya será allá por el año 2004. En 1901 se construye el *Pabellón del Sol* (para albergar material dedicado al estudio de los eclipses y la estructura solar). En 1944 se erige el *Pabellón del Astrógrafo* (para albergar un nuevo telescopio que permitirá tomar fotografías de objetos celestes). Finalmente, destacar que en el año 1995 el edificio de Villanueva será declarado Bien de Interés Cultural por constituir uno de los grandes ejemplos de la arquitectura neoclásica.

VIII. Fuente de Neptuno (1786)

Situada hoy en la plaza de Cánovas del Castillo, en su origen y hasta el año 1897, estuvo situada entre la calzada central de Prado de San Jerónimo y el paseo de Trajineros (hoy bajada de la carrera de San Jerónimo), mirando a la fuente de la Cibeles, estando orientada hacia el norte. Fue propuesta en 1777 pero no se comenzó a ejecutar hasta 1782, finalizándose cuatro años más tarde, en 1786. Fue un diseño de Ventura Rodríguez. Está realizada en mármol blanco procedente de Montesclaros (Toledo).

En 1780 ya había realizado Ventura Rodríguez los estudios preliminares y un año después el adornista Miguel Ximénez ejecutó dos modelos de madera y adornos de cera según el diseño. El encargado de ejecutar la obra fue Juan Pascual de Mena (1707-1784), el cual no pudo acabarla, continuando el trabajo su discípulo José Arias, quien parece ser terminaría la figura de Neptuno y los caballos. El resto de la obra (concha, el agua y los delfines) fue encargada en un primer momento al propio José Arias y a Manuel Tolsa (1757-1816), pero finalmente fue terminada por José Rodríguez, Pablo de la Cerda y

José Guerra. El uso de la fuente no sólo era como ornamentación urbana, sino también para uso público de vecinos y aguadores.

En 1897 el Ayuntamiento de Madrid decidió trasladarla al centro de la plaza de Cánovas del Castillo, que había sido trazada tres años antes. Con los procesos de traslado se aprovechó para hacer alguna restauración de los daños ocasionados, se limpió el conjunto y se recuperaron algunas piezas perdidas con el tiempo. Más adelante, en 1914 se restituyó el tridente de bronce robado y se sustituyó por otro de hierro dorado para evitar un nuevo robo.

Al igual que la fuente de la Cibeles con la llegada de la guerra civil y tras sus primeros bombardeos la Comisión para la Defensa del Patrimonio encargó la construcción de un búnker realizado con ladrillo y sacos de tierra. Y posteriormente, en 1969 se añadiría un segundo pilón.

De estilo neoclásico formaba parte de un programa iconográfico inspirado en la mitología grecorromana. La obra representa al dios

Fuente de Neptuno (1786) (Plaza de Neptuno)

del mar, Neptuno, que se alza en el centro del pilón sobre un carro formado por una concha que va tirada por dos hipocampos (caballos con cola de pez) y que son símbolos de las tormentas, navegando sobre una recreación de las olas marinas. Neptuno sujeta con la mano izquierda un tridente con el que agita los mares o hace brotar fuentes, mientras que con la mano derecha sujeta una serpiente enroscada que representa la Sabiduría. Históricamente a partir del Renacimiento se asociaban a Neptuno los gobernantes en representación de su dominio de los mares, una posible alusión a la fuerza de la Marina, reflejando el poder económico español en el siglo XVIII, centrado en el comercio y sus relaciones con las colonias de ultramar.

IX. Fuente de Apolo (1787-1803)

También conocida como la de las Cuatro Estaciones. Ocupaba el centro del proyecto del Salón del Prado. Diseñada por Ventura Rodríguez en 1777. Se sabe que el gran pilón central debió estar terminado en 1780, pues en él se había colocado una estatua provisional de Apolo realizada por José Panucha con la ayuda de los hermanos Roberto y Luis Michel. En ese mismo año, 1780, Alfonso Giraldo Bergaz (1744-1812) ejecutó las máscaras de Circe (hechicera griega que transformaba en animales a sus enemigos) y de Medusa (monstruo griego que petrificaba a aquellos que la miraban), situadas en el cuerpo central mirando una hacia el norte y la otra hacia el sur. Ambas surten agua de sus bocas hacia dos grupos de conchas que van escalonadas en tamaño.

La obra que remata la fuente, la escultura de Apolo definitiva, junto con las figuras de las Cuatro Estaciones fueron encargadas al escultor Manuel Álvarez (1727-1797) en 1780. Ya en 1781 Manuel Álvarez tenía construidos los modelos de las Cuatro Estaciones, pero por falta de piedras de las dimensiones necesarias su ejecución se retrasó varios años. Las piedras finalmente fueron suministradas en 1787 desde la cantera de Redueña (Madrid). Manuel Álvarez ejecutó las esculturas de las Cuatro Estaciones, pero a causa de su fallecimiento en 1797 dejó inacabada la figura de Apolo que no comenzaría a esculpirse hasta 1802,concluyéndola finalmente Alfonso Giraldo Bergaz (1744-1812). La fuente se inauguró en 1803, reinando ya Carlos IV, para conmemorar el enlace del príncipe de Asturias, el futuro Fernando VII.

Fuente de Apolo (1787-1803)
(Paseo del Prado)

De estilo neoclásico está compuesta por un cuerpo central con escalinata y dos pilones circulares laterales. Los mascarones antes mencionados están situados en dicho cuerpo. Sobre el pedestal aparecen cuatro figuras que representan a las cuatro estaciones mediante figuras alegóricas (la primavera con canasta de flores; el verano con haz de espigas; el otoño con racimos de uvas y el invierno con corona de pámpanos) y rematando el conjunto sobre un pedestal la figura de Apolo, dios de la luz y las artes, relacionado con el poder, la generosidad y la capacidad creadora.

En el Salón del Prado el dios Apolo representa al monarca absoluto. De hecho, sus rasgos se asemejan a los del propio Carlos III. El, podríamos decir por lo tanto, rey-dios, aparece, de forma alegórica, como atento vigía y protector del pueblo. Labor esta que desempeña desde su posición central, entre las fuentes de Cibeles y Neptuno, representantes respectivamente, de la agricultura la primera y del comercio colonial el segundo; siendo éstas, precisamente, las bases económicas del momento. Sus atributos son: una lira, símbolo de las artes, con la que dirige el coro de las musas y un con carcaj con flechas.

Al igual que la fuente de la Cibeles y la de Neptuno, en la guerra civil, fue cubierta con un búnker de ladrillo y sacas de tierra para impedir que sufriera daños con los bombardeos.

CREACIÓN DE LOS SERENOS (1765)

Aunque figuras similares pueden datarse desde 1715 lo cierto es que el 12 de abril de 1765 fue creado el cuerpo de los Serenos. Eran hombres de complexión fuerte que paseaban por la noche por las calles haciendo diversos servicios: evitar trifulcas nocturnas, regular el alumbrado público, recién creado, en ciertas ocasiones abrir puertas a vecinos e incluso anunciar las horas o las variaciones atmosféricas. Era el sereno, en pocas palabras, un amigo nocturno de los vecinos.

Hubo que esperar, sin embargo, al 16 de septiembre de 1834 se regulasen sus funciones. Estas figuras tan características desaparecieron a lo largo de los años 70 del siglo XX con la llegada, entre otras cosas, de los porteros automáticos.

FUENTE DE LAS CONCHAS (1765-1776 / 1782)

En 1765 Ventura Rodríguez concluye el diseño de la fuente y los jardines del palacio del infante don Luis en Boadilla del Monte. Sin embargo, la fuente es construida más tarde por Felipe de Castro (1711-1775) hasta su muerte y concluida, según unos autores por Manuel Fernández El Griego (1726-1797) y según otros por Francisco Gutiérrez (1727-1782).

Pasa el tiempo y, en 1845 se diseña el proyecto de los jardines del Campo del Moro y allí, es reubicada la fuente.

Fuente de la Conchas (1765-1776) (Campo del Moro)

REFORMA DEL ANTIGUO PALACIO DEL DUQUE DE MEDINACELI (EN TORNO A 1765)

Fue considerado en el siglo XVIII como el palacio privado más extenso de Madrid debido a su gran cantidad de jardines y huertas; pero no solo; también tenía hornos propios y pozos que le hacían autosuficiente. Llegó a ser conocido entre los madrileños como el "Palacio del Prado".

En 1659, un antiguo palacio del duque de Lerma, situado aproximadamente en lo que en la actualidad es la última manzana de la carrera de san Jerónimo, pasó por matrimonio al VIII duque de Medinaceli. Con el cambio de siglo las relaciones entre los siguientes duques de Medinaceli (duques IX y X) y la nueva dinastía no fueron buenas. Aún con todo, sabemos que en 1714 Felipe V se retiró allí tras la muerte de su esposa María Luisa Gabriela de Saboya. También se dice que eligió ese palacio para alojarse, en vez del "Palacio del Buen Retiro", al menos un tiempo, tras el incendio del alcázar real en 1735.

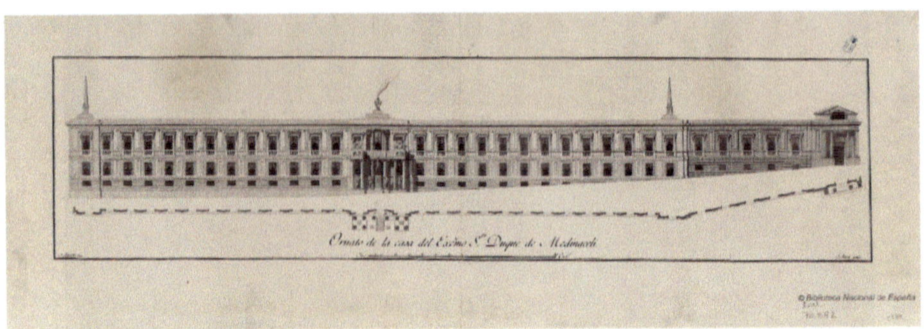

Dibujo del palacio del duque de Medinaceli (1789)

Todo ello cambió con el XI duque de Medinaceli (1739-1768). En 1765 en el palacio se hizo una gran fiesta en honor al príncipe Carlos. Es por estas fechas o para estas fechas tal vez, cuando los especialistas creen que se llevó a cabo la gran reforma de aquel antiguo palacio siguiendo un claro estilo clasicista romano que es el que por aquellas fechas se llevaba. La fiesta tuvo una tremenda repercusión en la villa de Madrid. De 1789 conservamos unos dibujos del nuevo y flamante palacio tras la reforma.

Una segunda reforma sufrió el palacio entre 1856 y 1857. En 1873, tras la muerte del XV duque de Medinaceli, su viuda abandonó el lugar. Ello provocó un rapidísimo deterioro del palacio. Finalmente, en 1889 el edificio fue vendido y unos años más tarde, en 1910, derribado.

MOTÍN DE ESQUILACHE (1766)

Avanzaba el reinado de Carlos III. Esquilache, ministro a la sazón de Carlos III, iba llevando a cabo medidas para la mejora de la ciudad de Madrid. Medidas de limpieza, pavimentación, creación de fosas sépticas, alumbrado de la ciudad etc.

Pero también desde hace mucho tiempo y en varias ocasiones venía tratando de imponer una normativa sobre la vestimenta de los madrileños constantemente desobedecida. Se trataba de prohibir en la ciudad las capas largas y los chambergos (sombreros de ala ancha). Su objetivo era evitar la ocultación del rostro y la facilidad de portar armas escondidas. Esto suscitó el malestar del pueblo pues se decía que quería imponer modas extranjeras, pero, dado que esta moda llevaba apenas 100 años en vigor, muchos autores afirman que, en el fondo, fue una rebelión por hambre, pues los comestibles en general habían subido su precio mucho en muy poco tiempo.

El domingo 23 de marzo, domingo de ramos, se desencadenó el motín en la plaza de Antón Martín. La multitud se reunió allí. Por entonces había un pequeño cuartelillo. Fue asaltado y robadas las armas. Con ellas la multitud fue avanzando por la calle Atocha. Cada vez se les unía más gente. Llegaron a la plaza Mayor, después a la puerta de Guadalajara (actual mercado de san Miguel) y, ya, habiendo reclutado una gran multitud, (se dice, exagerando por supuesto, que 30.00 de las 50.00 personas que habitaban por entonces Madrid) se encaminaron de forma violenta hacia la casa del propio Esquilache (la actual casa de las siete chimeneas). La casa fue asaltada pero allí no estaba Esquilache. La rebelión se extendió por toda la ciudad, se asaltaron otras casas de nobles y el día acabó con la quema de un retrato de Esquilache en la Plaza Mayor.

Al día siguiente (lunes 24 de marzo) se supo la ubicación del Marqués. Se encontraba en el propio palacio junto al rey. Allí se congregó de nuevo la masa armada. Ante los gritos y provocaciones la guardia española que protegía el palacio se mantuvo firme pero la guardia Valona comenzó una feroz represión con víctimas mortales. Para parar la sangría un cura franciscano decidió ejercer de mediador. Ambas partes aceptaron. Se le entregó un papel con las ocho exigencias del pueblo: *1. Que se destierre de los dominios españoles al marqués de Esquilache y a toda su familia. 2. Que no haya sino ministros españoles en el gobierno. 3. Que se extinga la Guardia Valona. 4. Que bajen los precios de los comestibles. 5. Que sean suprimidas las juntas de abastos. 6. Que se retiren inmediatamente todas las tropas a sus respectivos cuarteles. 7 .Que sea conservado el uso de la capa larga y el sombrero redondo. Y 8. Que Su Majestad se digne a salir a la vista de todos para que pueda escuchar por boca suya la palabra de cumplir y satisfacer las peticiones.*

Cumpliendo con el último punto, el rey salió al balcón y aceptó las condiciones. La multitud, finalmente, se dispersó.

Al día siguiente (martes 25 de marzo) todo empezó tranquilo. Pero pronto se supo que el rey se había marchado a Aranjuez y las gentes comenzaron a sospechar que podía estar preparándose para este día una represión militar. Se produjeron entonces algunos disturbios menores. El rey, entonces, manifestó al pueblo que volvería cuando todo el mundo estuviera calmado. Las gentes devolvieron las armas a sus respectivos cuarteles y se retiraron a sus casas al grito de Viva el Rey. Así acabó el motín. El marqués de Esquilache fue reubicado en la embajada francesa.

DIPUTADOS DEL COMÚN, SÍNDICO PERSONERO DEL COMÚN Y ALCALDES DE BARRIO (1766-1768)

Tras el motín de Esquilache, el rey decidió tomar medidas. Creó entonces en los siguientes dos años tres cargos municipales, dos para satisfacer al pueblo y uno para controlar el orden público.

El 26 de junio de 1766 se creó la figura del *Diputado del Común*. Todas las ciudades de 20000 o más familias u hogares (ojo, no personas individuales) seglares y contribuyentes podían elegir cuatro *Diputados del Común*. El objetivo fundamental de estos nuevos funcionarios era la vigilancia del buen hacer de los abastos.

Un poco más tarde nació el *Síndico Personero del Común*. Se erigió como el portavoz de los vecinos en el Ayuntamiento. El número y la forma de elección era la misma que la del *Diputado del Común*.

Ambos cargos perseguían como objetivo fundamental dar voz al pueblo en las ciudades, hasta entonces, a merced de las oligarquías dominantes. Restaba entonces un último problema, la prevención efectiva de futuros motines.

La Real Cédula del día 21 de octubre 1768 creó la figura del *Alcalde de Barrio*. Su objetivo prioritario era la garantía del orden en las ciudades y, como ya hemos dicho, el control de futuros motines, pero tenía también otras atribuciones, si bien vinculadas la mayoría a este principal propósito, tales como: matricular a los vecinos en su demarcación, vigilar a los maleantes, recoger mendigos y niños abandonados de las calles, mantener el alumbrado público, limpiar las calles etc. Su forma de elección fue la misma que en los casos anteriores. Para mayor facilidad en la aplicación de estas medidas dos años más tarde, en 1770, se organizó la ciudad en cuarteles, barrios, manzanas y casas, todas ellas debidamente denominadas y numeradas. (Ver *Reforma urbanística (1770)* más adelante).

En 1801 Carlos IV decidió acabar con este sistema electivo y los tres cargos antes mencionados, si bien se mantuvieron, pasaron a ser elegidos por la *Sala de Alcaldes de Casa y Corte* del *Concejo de Castilla*.

CASA-PALACIO DE DOMINGO TRESPALACIOS (1768)

Se sabe que en el siglo XVI había allí una casa. Las noticias sobre ella se pierden para volverse a recuperar en 1603. Por estas fechas don Pedro Osorio y Guzmán hijo de los primeros condes de Olivares compró la casa. Probablemente viviera allí durante un tiempo su descendiente, el Conde Duque de Olivares.

En 1767 la casa era propiedad del, por entonces duque de Alba (Fernando de Silva y Álvarez de Toledo). Un año más tarde, en 1768, Domingo Trespalacios y Escandón (1706-1777), asturiano de origen, que desempeñó diversos cargos en América, compró al duque de Alba la vieja casa; amplió el terreno comprando también una parcela contigua y finalmente, encargo al arquitecto Andrés Díaz Carnicero construir sobre la superficie resultante una nueva casa-palacio que le sirviera de residencia en Madrid. Este es el edificio que vemos en la actualidad. La casa-palacio perteneció, y fue residencia de hecho, de los Trespalacios hasta su venta en 1829. A principios del siglo XX fue reformada convirtiéndose en edificio de viviendas.

Casa-Palacio de Domingo Trespalacios (Plaza de los Mostenses 3)

REAL CASA DE CORREOS (1768)

En 1750 el, por entonces, ministro de Fernando VI, marqués de la Ensenada (1702-1781) decidió construir un gran edificio para alojar allí la Real Casa de Correos. El proyecto fue presentado por Ventura Rodríguez (1717-1785); un proyecto que modificaba sustancialmente lo que ahora conocemos como Puerta del Sol. La muerte de Fernando VI frustró la realización de dicho proyecto.

Con la llegada de Carlos III los gustos estéticos cambiaron, pero la idea permaneció. Encargó pues el rey al arquitecto francés Jaime Marquet (1710-1782) un nuevo proyecto de Real Casa de Correos. El resultado es el edificio que hoy contemplamos. Pero este cambio de titularidad del proyecto tuvo consecuencias, digamos, sobrenaturales:

> Dice la leyenda que cuando se estaba construyendo esta casa se apareció el demonio a los albañiles y les dijo que la edificación era de propiedad del infierno, y que la culpa estaba en haber aprobado los

> planos de un francés desechando los planos de Ventura Rodríguez. Los albañiles hablaron con sus capataces y éstos pusieron el hecho en conocimiento del director de obra.
>
> Poco después, la Inquisición ordenó a un fraile, muy avezado a esto de conversar con el diablo, se quedase en la obra mientras los albañiles trabajaban, por si volvía "el maldito" poder charlar con él un rato y aclarar algunos extremos. El fraile se instaló y, naturalmente, hubo que proveer a que comiese allí, por cuenta del constructor. Pero parece ser que el demonio, sin duda muy ocupado en achicharrar gente, no volvió a pasar por allí. (Bravo Morata, F. (1985) págs. 30-31)

A mediados del siglo XIX la Real Casa de Correos cambió de funciones convirtiéndose, a partir de 1847, en Ministerio de Gobernación. En 1850 la vecina iglesia del Buen Suceso, se había derribado. Su reloj fue entonces ubicado en la Real Casa de Correos; este fue el primer reloj de la Puerta del Sol. Pero el reloj fallaba. Unos años más tarde, en 1866, un relojero leonés José Rodríguez Losada regaló un reloj con tres esferas al Ayuntamiento de Madrid. Allí se instaló el

Real Casa de Correos (1768) (Puerta del Sol)

nuevo reloj, en sustitución del viejo, tras añadirle una cuarta esfera; este segundo reloj es el que hoy contemplamos.

Casi cien años más tarde, en 1985, la antigua Real Casa de Correos se convirtió en sede del gobierno de la Comunidad de Madrid.

REAL CASA DE LA ADUANA (1769)

La antigua Real Casa de la Aduana está datada en 1643 o 1645 según especialistas. Se ubicaba en la actual calle de la bolsa, en la antigua plaza de la Leña, entre las plazas de Santa Cruz y Jacinto Benavente.

En 1760 se quedó muy pequeña para las necesidades que debía satisfacer. Es entonces cuando Carlos III proyectó la construcción de una nueva Casa de la Aduana en los antiguos terrenos que ocupaban las caballerizas reales de la reina madre Isabel de Farnesio, entre los palacios de Juan de Goyeneche y la Torrecilla. Se encargó el proyecto

Real Casa de la Aduana (1769) (C/ Alcalá 9)

Real Casa de la Aduana (1769) Fachada (C/Alcalá 9)

a Francesco Sabatini (1721-1797). Las obras se prolongaron entre los años 1761 y 1769 momento en que se concluyó la construcción de la flamante nueva Casa de la Aduana.

Durante los siglos XIX y XX el edificio recibió varias restauraciones y una gran ampliación. En una de ellas se añadieron dos pisos retranqueados con respecto a la primitiva fachada para que no se vieran desde la calle.

La gran ampliación se llevó a cabo en 1944, para ello se demolió el vecino palacio de la Torrecilla y se levantó un edificio siguiendo la misma estética que el antiguo palacio y respetando su fachada datada en 1730.

El 27 de febrero de 1998 fue declarado Bien de interés cultural. La actual reforma de peatonalización de la calle Alcalá a su paso por la aduana (2022-2023) ha dotado al edificio de mayor grandeza aún, si cabe.

REFORMA URBANÍSTICA (1770)

La primera organización territorial de la que tenemos constancia en la villa es la que aparece en el segundo Fuero de Madrid de 1202. En ella Madrid se divide, ya lo vimos en el libro anterior, en diez *parroquias* también llamadas *pollaciones*. Bajo los Reyes Católicos se añaden dos más y a finales del siglo XVI otra, llegando a trece *parroquias* con los siguientes nombres: 1. *San Nicolás*, 2. *San Salvador*, 3. *Santiago*, 4. *San Miguel*. 5. *San Pedro*, 6. *San Juan*, 7. *San Gil*, 8. *Santa Cruz*, 9. *San Martín*, 10. *San Ginés*, 11. *San Sebastián*, 12. *San Justo y Pastor* y 13. *San Andrés*.

En 1590, en los últimos años del reinado de Felipe II se lleva a cabo la primera división civil que conocemos. Fue proyectada por D. Pedro Tamayo. La ciudad se dividió en seis *cuarteles* dispuestos radialmente en torno a la Plaza Mayor, que se tomó como punto central.

De 1770 data la segunda división civil, que estructura la ciudad en ocho cuarteles de ocho barrios cada uno, a saber: Cuartel 1. *Plaza Mayor*. Barrios:1.1. *Las Descalzas*. 1.2. *Los Ángeles*. 1.3. *San Ginés*. 1.4. *Santiago*. 1.5. *La Panadería*. 1.6. *Santa Cruz*. 1.7. *San Justo* y 1.8. *Santo Tomás*. Cuartel 2. *Palacio*. Barrios: 2.1. *Puerta de Segovia*. 2.2. *Sacramento*. 2.3. *San Nicolás*. 2.4. *Santa María*. 2.5. *San Juan*. 2.6. *Los Caños*. 2.7. *La Encarnación* y 2.8. *Doña María*. Cuartel 3. *Afligidos*. Barrios: 3.1. *Leganitos*. 3.2. *Rosario*. 3.3. *La Plazuela*. 3.4. *Niñas del Monte*. 3.5. *Monserrate*. 3.6. *Quartel*. 3.7. *Afligidos* y 3.8. *San Marcos*. Cuartel 4. *Maravilla*. Barrios: 4.1. *Carmen Calzado*. 4.2. *San Basilio*. 4.3. *San Ildefonso*. 4.4. *Hospicio*. 4.5. *Plazuela de Moriana*. 4.6. *Buena Dicha*. 4.7. *San Plácido* y 4.8. *Buena Vista*. Cuartel 5. *Barquillo*. Barrios: 5.1. *Las Salesas*. 5.2. *Guardias Españolas*. 5.3. *San Antón*. 5.4. *Niñas de Leganés*. 5.5. *Los Capuchinos*. 5.6. *San Pasqual*. 5.7. *Las Mercenarias* y 5.8. *San Luis*. Cuartel 6. *San Jerónimo*. Barrios: 6.1. *Buen Suceso*. 6.2. *Las Baronesas*. 6.3. *La Cruz*. 6.4. *Las monjas de Pinto*. 6.5. *Las Trinitarias*. 6.6. *Jesús Nazareno*. 6.7. *Amor de Dios* y 6.8. *La Plazuela*. Cuartel 7. *Avapiés Barrios*: 7.1. *Hospital General*. 7.2. *Santa Isabel*.

7.3. *La Comadre*. 7.4. *Ave María*. 7.5. *La Trinidad*. 7.6. *San Isidro Nuevo*. 7.7. *San Cayetano* y 7.8. *Colegio de las Niñas*. Cuartel 8. *San Francisco*. Barrios: 8.1. *Puerta de Toledo*. 8.2. *Mira al Río*. 8.3. *La huerta del Bayo*. 8.4. *San Francisco*. 8.5. *Las Vistillas*. 8.6. *San Andrés*. 8.7. *La Latina* y 8.8. *Humilladero*.

En 1802 se amplía el número a doce cuarteles. En 1835 el término *cuartel*, se sustituye por *comisaría* y cinco años más tarde (1840) las *comisarías* pasan a llamarse *distritos*, conformándose así la estructura de división que conocemos en la actualidad. Aun así, hay que esperar hasta 1862 para que definitivamente un nombre tan tradicional como *cuartel*, desaparezca definitivamente.

PALACIO DE LIRIA (1771-1785)

El I duque de Berwick, James Fitz-James (1670-1734), hijo ilegítimo del rey de Inglaterra Jacobo II, tras residir, primero en la propia Inglaterra y luego en Francia, participó activamente en la guerra de Sucesión Española teniendo en su haber muchos éxitos militares, entre ellos la batalla de Almansa (1707).

Tras la guerra recibió del mismísimo rey de España Felipe V el ducado de Liria y Jerica. Decidió, entonces, quedarse en España y asentarse en Madrid. Buscó un lugar para su residencia, lugar cerca del Alcázar, pues todavía Madrid no era un lugar por completo seguro. Localizó el lugar y planeó la construcción de su vivienda.

El inicio de su construcción se alargó mucho en el tiempo, tanto, que solo se comenzó en 1767 de la mano de su heredero el por entonces, III duque de Liria Jacobo Francisco Fitz-James Stuart (1718-1785). Las obras fueron encargadas en un primer momento al arquitecto francés Louis Guilbert pero, debido a su mal comportamiento y su poca profesionalidad en 1771 fue despedido y contratado Ventura Rodríguez (1717-1785) quien reinició las obras y las concluyó el mismo año de su muerte (1785).

Pasó el tiempo, en 1802 la XIII duquesa de Alba María Teresa Pilar Cayetana de Silva y Álvarez de Toledo (1762-1802) murió sin des-

Palacio de Liria (1771-1785) Entrada principal (C/Princesa 20-22)

cendencia, legando toda su herencia a su familiar no directo Carlos Miguel Fitz-James Stuart y Silva VII duque de Berwick y, a partir de ese momento, XIV duque de Alba (1794-1835). Es entonces cuando las dos casas Alba y Berwick se juntaron.

Un siglo más tarde, en 1902, el palacio fue ligeramente modificado por Edwin Lutyens (1869-1944) prestigioso arquitecto británico. En los inicios de la guerra civil el edificio fue incautado por el PCE, después bombardeado por la aviación franquista y, finalmente derruido casi en su totalidad; se salvaron solo las cuatro fachadas exteriores, lo único, pues, que queda del viejo palacio dieciochesco. Afortunadamente la práctica totalidad de su patrimonio monumental fue salvado. Tras la guerra, el XVII duque de Alba Jacobo Fitz-James Stuart y Falcó primero, y su hija junto a su marido (fallecido en 1953) después, comenzaron su reconstrucción que duró hasta 1956.

En 1974 el palacio fue declarado Bien de Interés Cultural y en el 2019 fue abierto al público como el domicilio particular-museo más grande del mundo (200 estancias y 3500 metros cuadrados). Contiene

Palacio de Liria (1771-1785) Fachada posterior (C/Princesa 20-22)

una importantísima colección de obras de arte de diversas épocas y de primer nivel. Su visita, guiada y sin fotos, es obligada; cuesta la entrada 17 euros.

PALACIO DE BÉLGIDA (1771)

En la actual calle Pez esquina Madera Alta, existían unas antiguas casas que, a principios del siglo XVIII pertenecían a doña Catalina María Temporal Polo y Cortés. En 1714 las casas fueron vendidas a don Jacobo Flou. Entre 1714 y 1723 el nuevo propietario, además, compró otros edificios colindantes ampliando así sus propiedades. Una vez compradas las derribó y reedificó en su lugar un edificio unificado. En 1734 vendió el edificio al marqués de Pontejos, venta ilegal esta que, parece, se anuló en 1742. Fue entonces el edificio en su conjunto retasado y revalorado. Teodoro Perís, en representación de Pacual Benito Bellvis marqués de Bélgida, compró el edificio en 1753.

Palacio de Bélgida (1753 / 1771) dcha. Calle Pez
izda. Calle Madera Alta

El marqués de Bélgida también adquirió, en algún momento, unas casas colindantes en la calle de la Madera Alta. En 1771 unificó y reconstruyó estas casas formando un solo edificio que hiciera esquina con su edificio de la calle Pez. Esta reforma, muy probablemente, afectaría también al propio edificio de la calle Pez. El resultado final es el que, con ciertos retoques menores añadidos en diversos momentos del siglo XIX, observamos en la actualidad.

PALACIO DE LA INFANTA CARLOTA (1772)

En 1772 José Agustín de Llano (1722-1794) futuro consejero de Carlos IV y embajador en Viena, encarga la construcción de su residencia al arquitecto español Juan de Villanueva (1739-1811). Acabada la obra allí se instala.

Pasa el tiempo; en 1842, tras su vuelta del destierro el infante Francisco de Paula (1794-1865) y su esposa Luisa Carlota de Borbón-Dos Sicilias (1804-1844) se alojaron allí. En 1844 Luisa Carlota murió entre sus paredes, de ahí el nombre por el que se conoce a este palacio. Seis años más tarde de la muerte de la infanta, en 1850 el edificio fue reformado por Antonio Herrera de la Calle a petición del conde viudo de Villariezo. En dicha reforma se añadieron a la fachada dos plantas. En algún momento que desconocemos el palacio fue dividido en viviendas particulares. En 2005 el Ayuntamiento ordeno su expropiación por decadencia, expropiación esta que se prolongó hasta 2021.

Palacio de la infanta Carlota (1772) (C/ Luna 32)

PALACIO DE GODOY (1775-1782)

Siguen avanzando las reformas, y en el año 1775 le toca el turno a una reforma institucional. El propio rey Carlos III encargó ese año al arquitecto italiano Francesco de Sabatini (1721-1797) la construcción de la Residencia de Estado para Pablo Jerónimo de Grimaldi y Pallavicini, marqués de Grimaldi (1710-1789). Pero no fue él, sino su sucesor en el cargo, José Moñino y Redondo, conde de Floridablanca (1728-1808) quien habitó por primera vez esta sede institucional.

Ya en el reinado de Carlos IV, Manuel Godoy y Álvarez de Faría (1767-1851) más conocido como "Godoy" a secas, compró este edificio e hizo una gran ampliación para convertirlo en su vivienda-palacio. Durante la guerra de la independencia fue residencia del general Murat, a la sazón gobernador de Madrid. Acabada la guerra Godoy se mudó al palacio de Buenavista, del que hablaremos después. El edificio se convirtió entonces sucesivamente en Consejo del Almirantazgo, Biblioteca Real y diversos ministerios.

En el año 1929 se lleva a cabo el ensanche de la calle Bailén. Las obras ocultan toda el ala construida por Godoy. Unos años más tarde,

Palacio de Godoy (1775-1782) Restos observables
(Plaza de la Marina Española 9)

Palacio de Godoy (1775-1782) Ojo de buey para contemplar los restos ocultos de la ampliación de Godoy (C/ Bailén)

Palacio de Godoy (1775-1782) Restos ocultos de la ampliación de Godoy (C/ Bailén)

en 1940, los restos del edificio que quedan en pie se convierten en el Museo del Pueblo Español. Actualmente es la sede del Centro de Estudios Políticos y Constitucionales. Parte de los restos sepultados por la ampliación de la calle Bailen, se pueden observar tras un ojo de buey situado en la misma calle Bailén y colocado en 2022.

PUERTA DE SAN VICENTE (1775 (COPIA 1995) / FUENTE DE LOS MASCARONES (1775-1871)

Allá por el año 1726 el marqués de Vadillo (1646-1729) encargó a Pedro de Ribera (1681-1742) una puerta monumental que sustituyese a la vieja puerta de la cerca de Felipe IV. En 1770 esta segunda puerta fue derribada para la remodelación urbana de los accesos al Palacio Real y para su conexión con el sitio del Pardo. El propio rey, Carlos III, ordenó a Francesco Sabatini (1721-1797) la construcción de una tercera puerta acabada en 1775. Frente a la nueva flamante tercera puerta y en el mismo año se construyó una fuente, la denominada fuente de los Mascarones, desmontada en 1871.

Transcurre el tiempo, y llegamos, precisamente, a 1871. En este año se incorpora a la zona, por iniciativa de María Victoria dal Pozzo (1847-1876) reina consorte de España, el denominado Asilo de Lavanderas. Se trataba de una institución benéfica que recogía y cuidaba a los hijos de las lavanderas mientras ellas ejercían su trabajo. El asilo duró hasta 1938.

Entre 1890 y 1892 según qué fuentes, la puerta es desmontada para hacer obras de mejora del tráfico y con la intención de montarla después de nuevo. Pero hete aquí que, al ir a remontar la puerta, sus restos han desaparecido y así están, desaparecidos, hasta nuestros días. La plaza queda, pues, sin puerta; hasta 1995. En 1990 el ayuntamiento encarga una réplica de la tercera puerta al ingeniero Juan. A. de las Heras Azcona. Acabada la puerta en 1995 es colocada en su mismo lugar, si bien en posición inversa a la original, es decir, mirando a la ciudad.

Puerta de San Vicente (1775 / 1995) (Glorieta de San Vicente s/n)

Fuente de los Mascarones (1775-1871) / Puerta de San Vicente / Palacio Real (hacia 1790)

PALACIO DEL MARQUÉS DE MATALLANA (ACTUAL MUSEO ROMÁNTICO) (1776)

En el solar que ahora ocupa el palacio, allá por el siglo XVI existía un monasterio, el monasterio de San Martín. En el siglo XVII el edificio pasó a José Sibari y a Juan de Echazu. Finalmente, en el siglo XVIII fue adquirido por Rodrigo de Torres y Morales, marqués de Matallana (1687-1753). Entre 1776 y 1779 el edificio fue reformado dándole aproximadamente el aspecto exterior que en la actualidad tiene.

A principios del siglo XIX la propiedad pasó a los condes de la Puebla del Maestre quienes adornaron la fachada para darle un aspecto más palaciego.

En 1923 Francisco de Paula Fernández de Cordova y Hernández arrendó la casa a la Comisaría de Turismo y al año siguiente, concretamente el 1 de junio de 1924 se fundó allí el Museo del Romanticismo que hasta la fecha permanece.

Palacio del marqués de Matallana (1776-1779) (actual Museo del Romanticismo) fachada principal (C/san Mateo 13)

Palacio del marqués de Matallana (1776-1779) (actual Museo del Romanticismo) fachada trasera

PALACIO DE BUENAVISTA (1777)

En el lugar de su ubicación actual, en el siglo XVI había un primitivo palacio ubicado en la finca conocida como *altillo de Buenavista*, de ahí su nombre. Este primer palacio se lo regaló el, entonces, arzobispo de Toledo a Felipe II cuando decidió trasladar su corte a Madrid. Quizá pudo actuar como lugar alternativo o complementario del viejo Alcázar.

Tras pasar por diversos propietarios cayó en manos de Isabel de Farnesio (1692-1766) desde la muerte de su hijastro, Fernando VI, en 1759 hasta su propia muerte en 1766. Después pasó a manos de Fernando de Silva y Álvarez de Toledo XII duque de Alba (1714-1776). Un año después de la muerte de su abuelo, la nieta del duque y heredera Cayetana XII duquesa de Alba mandó el derribo del edificio y la construcción de uno nuevo al arquitecto español Juan Pedro

Palacio de Buenavista (1777) (actual Cuartel General del Ejército) (plaza de Cibeles)

Arnal (1735-1805). Este segundo palacio construido por Arnal es el que hoy podemos observar, con dificultad debido a su lejana verja y a la abundante vegetación de sus jardines.

Entre 1795 y 1796 el palacio sufrió numerosos incendios. En 1807 fue expropiado por el Ayuntamiento de Madrid y regalado a Manuel Godoy (1767-1851) quien lo acondicionó y adornó para que le sirviera de vivienda. Pero nunca llegó a habitar allí puesto que dos años más tarde, en 1810, José I decretó que el palacio se convirtiera en museo de pinturas. Tres años después de la caída de José I, en 1816, el palacio fue entregado al ejército y el museo de pinturas fue ubicado definitivamente en el actual Museo del Prado. Tras su entrega al ejército su fachada fue elevada un piso más, el cuarto, y se remodeló todo su interior. Tras las reformas fue convertido en el Ministerio de Guerra, hasta 1981, cuando comenzó a ser Cuartel General del ejército de tierra.

PUERTA DE ALCALÁ (1778)

En 1759 entró el nuevo rey Carlos III a Madrid por primera vez atravesando la antigua puerta de Alcalá de 1599. Parece que no le gustó y parece que tampoco gustaba a los madrileños pues se encontraba abandonada y sucia. Decidió entonces el rey derribarla y construir una nueva. Por entonces ya existían tres diseños posibles para su reconstrucción: el del ingeniero militar José de Hermosilla (1715-1776), el de Ventura Rodríguez (1721-1797) y un doble proyecto de Francesco Sabatini (1721-1797).

El rey se decidió por la propuesta de Sabatini. Según se dice el arquitecto estuvo persiguiendo una y otra vez al rey para preguntarle cuál de los dos proyectos le gustaba más y al no recibir respuesta decidió incorporar ambos para no estar a mal con su majestad, al menos del todo. Es por ello por lo que las dos fachadas de la puerta son distintas; fíjense.

Puerta de Alcalá (1778) (Plaza de la Independencia)

Se inició el proceso de contratación de maestro cantero. De entre las seis ofertas Sabatini eligió la de Francisco de la Fuente, exigiéndole una rebaja. El maestro cantero no la aceptó y el proyecto se extinguió. La construcción de la puerta recayó entonces en Santiago Feijoo y Cía. En 1778 quedó inaugurada la nueva, grandiosa y flamante nueva puerta de Alcalá que, a partir de este momento, fue la gran puerta de entrada a la ciudad.

Con el derribo de la vieja cerca de Felipe IV hacia 1860, la puerta de Alcalá quedó aislada. A partir de 1869, debido a su aislamiento, se iniciaron la larguísima serie de remodelaciones que el edificio y la plaza han sufrido hasta la fecha.

En 1976 fue declarada Monumento Histórico-Artístico de carácter nacional. En la actualidad (2023) está sometida a un largo proceso de restauración que acabará a finales de año.

CASA DE JOVELLANOS (1782-1798)

A la edad de 44 años, en parte bajo la influencia del duque de Alba, Gaspar Melchor de Jovellanos (1744-1811) se trasladó a Madrid, concretamente a la Sala de Alcaldes de Casa y Corte. Su carrera en Madrid fue trepidante: En tres años ingreso en las tres Reales Academias Hispanas más importantes: *Real Academia de la Historia* (1779), *Real Academia de Bellas Artes de San Fernando* (1780) y *Real Academia de la Lengua* (1781). Inmediatamente entró a participar activamente en la tertulia de Pedro Rodríguez de Camponanes (1723-1802). En 1782 formó parte de la comisión que puso en marcha el *Banco de San Carlos*, del que se va a hablar más adelante. Fue miembro de la Sociedad Económica Matritense y director de la institución a partir de 1784. Tras la caída de Francisco de Cabarrús (1752-1810) importante financiero y alto funcionario del gobierno español y, debido a sus ideas ilustradas no compartidas por Carlos IV, marchó desterrado de la corte a su ciudad natal, Gijón. Volvió en 1797 como Ministro de Gracia y Justicia, cargo en el que estuvo un año escaso, hasta 1798 momento en el que dejó Madrid para no volver más.

Casa de Jovellanos (1782-1798) (C/ Juanelo 20)

Habitó Jovellanos en Madrid, que sepamos en dos casas: 1. Entre 1778 y 1780 en la Plaza del Conde Toreno. Se trata de una casa de construcción contemporánea y 2. Entre 1782 y 1798 en la calle Juanelo nº 20. Esta casa, restaurada, sí se conserva en la actualidad y es la que ofrecemos en la foto. Ambas ubicaciones poseen placas conmemorativas.

BANCO DE ESPAÑA (1782)

En 1782 el propio rey mandó crear el *Banco de San Carlos*. Se trataba de una sociedad por acciones, cuya propiedad correspondía tanto a instituciones como a sujetos particulares, pero tenía una gran ventaja: no era, estrictamente, un banco público, pues disfrutaba de la protección manifiesta de la corona, lo que otorgaba mucha seguridad.

Los principales gobernantes ilustrados de la época: el conde de Floridablanca (1728-1808), Miguel de Múzquiz y Goyeneche (1719-1785) y Pedro Rodríguez de Campomanes (1723-1802), apostaron fuertemente por esta nueva institución.

Primera sede (Finales siglo XVIII). Las primeras juntas, probablemente desde 1788-1789, se celebraron en el antiguo palacio de Altamira, proyectado por Ventura Rodríguez (1717-1785) entre 1772 y 1775 pero empezado a construir mucho más tarde, en 1788. **Segunda sede (finales siglo XVIII-1824).** Después pasaron a celebrarse en el antiguo palacio de Monistrol de 1656, situado en la actual esquina de las calles Tudescos y Luna, y derruido en 1970. Allí quedó durante el resto del siglo XVIII y principios del siglo XIX.

Primera sede del Banco de España: Palacio de Altamira (1773)
(C/ Flor Alta 8)

Cuarta sede del Banco de España: Palacio de los cinco gremios (1791)
(Plaza de Jacinto Benavente 1)

Tercera sede (1825-1846). En 1825 cambió su sede a la actual calle Montera y cambió su nombre denominándose *Banco de San Fernando.* **Cuarta sede (1847-1891).** Unos años más tarde, en 1847, fue fusionado con el *Banco Isabel II*, pasó a denominarse *Banco Nacional de San Carlos* y su sede cambió de nuevo, esta vez al *palacio de los Cinco Gremios*, construido en 1791 para la *Compañía de los Cinco Gremios Mayores* (sederos, teleros, pañeros, joyeros y drogueros o especieros) fundada en 1763. En 1854, tras la revolución, la legislación bancaria tomó tintes liberales e inmediatamente se cambió el nombre de la institución pasándose a denominar tal y como lo conocemos en la actualidad: *Banco de España.*

Quinta y última sede (desde 1891). En 1884 se decidió construir una sede de nueva planta para la institución. El nuevo edificio se empezó a edificar en el mismo año 1884, en 1890 se le colocó el reloj y, finalmente, en 1891 fue concluido. Esta sede es la que conocemos en la actualidad.

CRUZ DE LA PLAZA DE PUERTA CERRADA (1783)

La plaza de Puerta Cerrada fue desde la edad media lugar de ajusticiamiento, además de lugar de emplazamiento de una puerta de acceso de la vieja muralla del siglo XII. Pasado un tiempo la puerta fue tapiada y después en 1569 derribada debido a que era un lugar habitual de ocultación de maleantes. Unos años más tarde, hacia 1588 se puso una cruz. Parece que esta cruz ocultaba un depósito de agua Allí estuvo la cruz viendo pasar el tiempo hasta que en 1783 fue derribada y sustituida por otra que, creemos, es la que se haya en la actualidad. Parece que la cruz ha perdido gran parte de su ornamentación dieciochesca.

Cruz de la plaza de Puerta Cerrada (1783)

REAL BASÍLICA DE SAN FRANCISCO EL GRANDE (1785)

Según la tradición, a principios del siglo XIII el mismo san Francisco estuvo en España; y en algún momento, hacia 1214 es la fecha más aceptada, llegó a Madrid. Allí había una vieja ermita, llamada *ermita de Santa María* en torno a la cual el propio santo fundó un convento para su orden; es más, se supone que en ella san Francisco vivió algún tiempo haciendo labores de evangelización. A finales del siglo XIV se reconstruyó la *iglesia-convento de Santa María* y fue rebautizada como *iglesia de Jesús y María*. Tanto la iglesia como el convento, con el paso del tiempo fueron ganando, cada vez, más prestigio en Madrid, llegando a ser una de las instituciones religiosas más importantes de la ciudad.

El amplísimo renombre que tenía la iglesia, además de su, poco firme construcción debido al terreno sobre el que estaba, muy movedizo, y, por supuesto, el incremento cada vez mayor del número de frailes de la congregación conventual, convencieron a los frailes franciscanos de que era momento de hacer un nuevo y mucho más grande conjunto. Así pues, el 31 de agosto de 1760, con profunda emoción, se hizo el solemne traslado procesional de sus imágenes a la vecina capilla de la Venerable Orden Tercera y pocos días después se produjo el derribo.

Los planos de la nueva iglesia fueron encomendados a Ventura Rodríguez (1717-1785) y este los presentó en 1761, siendo rechazados. Se presentó entonces un segundo proyecto de la mano de Fray Francisco Cabezas (1709-1773), un hermano de la congregación. Fue aceptado en el mismo año 1761 y así comenzaron las obras de construcción del nuevo flamante edificio. Dichas obras continuaron ininterrumpidamente hasta 1768. En este año una orden de la Real Academia de Bellas Artes de San Fernando, obligó a paralizar las obras y llevar a cabo un exhaustivo estudio del edificio. La causa: no andaban muy seguros varios expertos de que el proyecto de Fray Francisco fuera capaz de resistir el peso de la enorme cúpula que se proyectaba. El fraile, abatido, se retiró del proyecto y marchó a una vida retirada en un convento de Valencia.

Real Basílica de San Francisco el Grande (1785) (C/San Buenaventura 1)

Durante un tiempo hubo un intenso debate entre diversos arquitectos. Se pidió a Ventura Rodríguez que evaluara el proyecto que le había ganado y, en un noble gesto, declaró que era perfectamente viable. Además, rechazó por falta de viabilidad otros proyectos alternativos presentados: el de Diego Villanueva (1713-1744) y Juan Tami (mediados siglo XVIII) y el de Antonio Plo (¿17??-post.1779) y Álvarez Surribas. Continuaron los debates; el pueblo madrileño se lo pasaba en grande y participaba activamente en ellos. Para liberar las tensiones en Madrid y también a petición de los monjes franciscanos, Carlos III recurrió a la opinión de los arquitectos del reino de Aragón: Julián Yarza (1718-1772) y Pedro Ceballos (mediados siglo XVIII). Ambos, tal y como había hecho anteriormente Ventura Rodríguez, tras un minucioso estudio declararon perfectamente viable el antiguo proyecto del fraile. Aceptado definitivamente el proyecto, el honor de cerrar la cúpula fue otorgado a otro afamado arquitecto,

Real Basílica de San Francisco el Grande (1785) (interior)
(C/San Buenaventura 1)

Real Basílica de San Francisco el Grande (1785) (interior)
(C/San Buenaventura 1)

por entonces director de la Real Academia de Bellas Artes de San Fernando, Miguel Fernández (¿1726? -1786).

El 6 de diciembre de 1784, quedó inaugurado el templo. La ceremonia fue presidida, como no podía ser de otra manera, por el propio monarca que había puesto tanto entusiasmo en su construcción. La nueva, flamante y amplísima *iglesia de Jesús y María*, dedicada a *Nuestra Señora de los Ángeles*, había sido concluida. Pero los madrileños también habían participado activamente en su construcción, sobre todo desde 1768 y, viendo su magnitud, la empezaron a denominar de otra manera: *San Francisco* (por los padres franciscanos del convento) *el Grande* (por su gran tamaño). *San Francisco el Grande*: con este nombre popular se la conoce hasta nuestros días. El 5 de julio de 1785 Carlos III mediante Real Cédula incorporó el templo en el *Real Patronato español de los Santos Lugares.*

En 1812 José I pretendió convertirla en el salón de cortes, pero el proyecto no se llevó a cabo. En 1812 se convirtió temporalmente en un hospital. Unos años más tarde con la desamortización de 1836 los frailes fueron expulsados del lugar. Se intentó entonces convertir al antiguo templo en panteón nacional, pero, de momento, no se consiguió; hasta que, entre 1869 y 1874, como, en efecto, panteón nacional, albergó restos de importantes personajes de la historia de España.

Del siglo posterior (siglo XIX) fue, sin embargo, la ornamentación de su interior, no acabándose definitivamente hasta la, tan tardía fecha de, 1878. Pero aquí no acabó todo. Justo en este año Antonio Cánovas del Castillo la visitó durante un evento y viendo, aún con todo, su pobreza ornamental, se implicó personalmente en la promoción de su mayor ornamentación. Esta segunda fase de ornamentación no acabó hasta 1917.

En 1926 Alfonso XIII devolvió el templo a los franciscanos y en 1961 se declaró a la iglesia Basílica con su vieja acepción: *Real Basílica de Nuestra Señora de los Ángeles.*

Su cúpula de 33 metros de diámetro y 58 metros de altura, en lo que a cúpulas se refiere en la tercera más grande de la cristiandad después de la del Panteón de Agripa (43,40 metros) y de la del Vaticano (42,50 metros).

Su interior, en la actualidad, está decorado con extraordinarias obras de autores, primordialmente del siglo XIX. Cabe destacar sin embargo dos capillas: La capilla de san Antonio, donde se exhiben tres cuadros extraordinarios de Mariano Salvador Maella (1739-1819) y la capilla de san Bernardino, donde se exhibe un extraordinario cuadro de san Bernardino que Francisco de Goya (1746-1828) pintó específicamente para ese lugar. Se debe destacar también su coro, con una magnifica sillería del siglo XV posiblemente restaurado a principios del siglo XVII y, por último, su pinacoteca, que alberga obras excepcionales de pintores de los siglos XVI y XVII: Francisco Ribalta (1565-1628), Pedro pablo Rubens (1577-1640) (una atribución), Francisco de Zurbarán (1598-1664) y Diego Velázquez (1599-1660) entre otros.

CASA-PALACIO DE LOS CONDES DE TORRALBA (1785)

Casa-Palacio de los condes de Torralba (1785) (C/Luna 15)

En 1785 la VI condesa de Torralba, mandó construir al arquitecto Manuel Machuca y Vargas (1750-1799) un palacio que sirviera para su lugar de residencia y la de sus descendientes. Pasó, en efecto esta casa-palacio de unos descendientes a otros hasta que en 1932 el último de ellos legó el edificio a la orden de los predicadores dominicos. En la actualidad es un edificio de viviendas y oficinas.

CUARTEL DE SAN GIL (1789- ¿?)

En 1789 comenzó a construirse sobre una zona eminentemente agrícola dentro de los muros de la vieja cerca de Felipe IV. En principio, parece que fue, según algunos autores, a pesar de su nombre una estructura religiosa; un convento para los franciscanos. Otros autores afirman que, aunque, en efecto, su origen pudo ser ese, muy pronto la construcción se derribó para colocar en su lugar un cuartel militar cuyo objetivo pudo ser proteger el Palacio Real por su lado noreste. Este proyecto militar fue encargado a Francesco Sabatini (1721-1797).

Restos del cuartel de San Gil (1789-1910) (Plaza de España 9)

José I ocupó el cuartel, aún sin ser terminado y lo destinó a alojar allí a los Guardias de Corps. En 1859 se vio reforzado este emplazamiento por la construcción de un nuevo cuartel a poca distancia el conocido como *cuartel de la Montaña.* En 1866 un grupo de sargentos allí acuartelados iniciaron una sublevación fallida para derrocar a Isabel II. Fue el prólogo de la conocida como Gloriosa de 1868 que sí consiguió ese objetivo. Durante muchos años, pasados estos acontecimientos se discutió sobre su derribo; acción esta que finalmente se decretó en 1903 y se llevó a cabo entre 1906 y 1910.

Las recientes obras llevadas a cabo en la plaza de España han dejado al descubierto sus restos.

CASA DE JOSÉ MARCHENA (SIGLO XVIII)

Durante la segunda mitad del siglo XVIII y los inicios del siglo siguiente, vivió en Madrid, en una casa ubicada en la calle Concepción Jerónima nº 23, José Marchena y Ruiz de Cueto (1766-1821), más conocido como el abate Marchena.

Fue un liberal afrancesado que huyó a París en 1782 perseguido por la Inquisición. Tradujo obras de Rousseau, Voltaire y Moliere, entre otros autores. En 1808 regresó a España de la mano de José I Bonaparte y desempeñó diversos cargos administrativos. Tras la guerra de la Independencia se volvió a exiliar a París de donde regresó con la llegada del Trienio Liberal en 1821, falleciendo muy poco después.

El 14 de diciembre de 1788 murió Carlos III. Con su muerte acabó el gran momento del reformismo ilustrado en España pues, la inmediata irrupción violentísima de la Revolución Francesa hará a su hijo y heredero Carlos IV llevar a cabo durante su reinado, una política más conservadora.

Casa de José Marchena (1766-1821) (C/ Concepción Jerónima 23)

Plano de Madrid (1785)

4

Madrid en la época de Carlos IV (1788-1808)

PUERTA DEL OLIVAR DE ATOCHA (SIGLOS XVIII-XIX)

El Conde Floridablanca (1728-1808), a finales del reinado de Carlos III o a principios del de Carlos IV, advirtió de la necesidad de cerrar la entrada del Real Sitio del Buen Retiro a las huertas del Olivar

Puerta del Olivar de Atocha (siglos XVIII-XIX)
(Jardines de Cecilio Rodríguez, parque del Retiro))

de Atocha, situadas al sur del parque. La obra, una puerta, fue encargada a Isidro González Velázquez (1765-1840).

Allí permaneció la puerta hasta 1889 cuando se llevó a donde ahora está la puerta de Granada (plaza de Menéndez Pelayo). En 1956 la vieja tapia del Retiro se derribó y la puerta fue colocada en el lugar actual, cerrando los jardines de Cecilio Rodríguez dentro del propio Retiro.

ARCO DE CUCHILLEROS (1790)

Dos años después de la llegada del nuevo rey, en 1790, la plaza Mayor sufre el incendio más catastrófico de su historia. Se origina, precisamente entre la actual salida de la plaza a la calle Toledo y el arco de Cuchilleros el 16 de agosto. En este incendio quedó arrasado un tercio de su superficie. Francesco Sabatini (1721-1797) dirigió las

Arco de Cuchilleros (1790) (Plaza Mayor)

labores de extinción del fuego y encargó a Juan de Villanueva (1739-1811) su reconstrucción. Villanueva rebajó la altura de las casas y cerró los cuatro bloques arquitectónicos de los que constaba la plaza habilitando grandes arcadas para ello. Ejemplo claro de esta nueva estructura de la plaza es el arco de Cuchilleros.

El origen del nombre se debe a que a la salida del mismo se encontraban, por aquella época y desde hace ya tiempo, varios talleres del gremio de cuchilleros que, a su vez, suministraban herramientas al gremio de carniceros ubicados en torno a la antigua casa de la carnicería en el interior de la plaza y en sus aledaños fuera de esta.

BANDO DE INCENDIOS (1790)

Muy probablemente impactado por la enorme magnitud de la catástrofe Carlos IV, unos meses más tarde, el 8 de noviembre de 1790, manda publicar el conocido como *Bando de Incendios.* El bando consta de 19 ordenanzas que todo ciudadano debe cumplir bajo pena de multas monetarias de diversas cantidades según la gravedad. Las normas atañen esencialmente a: *I.* Cuidado y correcta construcción de fogones, hornos y chimeneas; *II.* Protección de las maderas de las casas con yeso; *III.* Cuidado de lumbreras, tragaluces y ventanas; *IV.* Limpieza y cuidado de las chimeneas, tanto en casa particulares como en comercios; *V.* Control en la venta de alquitrán, pez, resinas, gomas y otros materiales combustibles; *VI.* Prohibición de tener pólvora para mercaderes y tratantes en una cantidad mayor de una libra sin licencia por escrito; *VII.* Cuidado exhaustivo de la madera para construcción por carpinteros, ebanistas y tallistas; *VIII. Se renueva la prohibición de fuegos artificiales de cohetes, tiros de fusil o pistola, incluyéndose en aquellos los que suelen tirar los muchachos en las calles y paseos por diversión; IX. Se prohíbe la venta de los fósforos(...) por no considerarse de alguna utilidad; X. En ninguna tienda de mercader, ni en portales, ni en otros sitios se permitirán luces de sebo o cera con pretexto de devoción (...); XI. Se prohíbe absolutamente el uso de las luminarias de tea o virutas de madera que se acostumbran poner delante de las iglesias (...) o casas particulares (...) XII.* Prohibición de sacudir las hachas contra esquinas y paredes de piedra para evitar las chispas. *XIII.* Control del uso del fuego a los comerciantes que lo requieren para su actividad. *XIV. En ningún tiempo del año se quemará en las calles ni plazuelas la paja que se desecha de los gergones, o con cualquier otro motivo (...) XV. XVI y XVII.* Controles específicos en el uso del fuego a los comercios y las gentes que están establecidos en la Plaza Mayor y aledaños inmediatos.

REAL FÁBRICA DE TABACOS (1790)

El 25 de diciembre de 1781 la Hacienda Real compró unas huertas a los religiosos para, en ellas, edificar lo que se iba a conocer como *Real Fábrica de Aguardientes.* El edificio, en efecto, iba a tener como objetivo el almacenamiento de los productos estancados (controlados en exclusiva) por el monopolio español, productos tales como el aguardiente, los licores, las barajas de naipes, el papel sellado o el tabaco. Uno de esos productos, el aguardiente, fue enseguida entregado en exclusiva a la condesa de Chinchón (1780-1828) que dio nombre al anís que todos conocemos. Siguió su actividad la Real Fábrica, pero parece que por poco tiempo.

En 1808 con la llegada de Napoleón a España la fábrica estaba ya cerrada, su hermano, José I entonces la rehabilitó dando trabajo a 800 cigarreras. A partir de este momento la fábrica ganó cada vez más importancia y prestigio. En 1853 ya contaba con 3000 trabajadoras. En torno a 1870 fue cedido el monopolio de las barajas de juego al empresario vasco Heraclio Furier (1849-1916). La historia de la Real Fábrica acabó unos años más tarde cuando, en 1887, se cedió el monopolio del tabaco, lo único que prácticamente le quedaba en exclusiva, a la *Compañía Arrendataria de Tabaco.*

En 1890 la fábrica contaba ya con 6300 trabajadoras. Es en este contexto y en esta época cuando se iniciaron los movimientos so-

Real Fábrica de Tabacos (1790) (C/Embajadores 53)

ciales madrileños en general y los movimientos obreros femeninos en particular.

VUELO DE UN GLOBO AEROSTÁTICO CON FINES BENÉFICOS (1792)

El *Diario de Madrid* el 5 de agosto de 1792, sorprendió e ilusionó a todos los madrileños con la siguiente noticia: *El rey nuestro Señor (que Dios guarde) se ha servido señalar la tarde del domingo 12 del presente mes de agosto (si el tiempo lo permitiere) y conceder el jardín del Real Sitio del Buen Retiro para que en él se pueda echar el Globo aerostático,(…) La maniobra a vista del público de llenar de gas el globo con el aparato chimico se comenzará después de las 4 de la tarde; y entre el 5 y el 6, rompiendo cables y tremolando vanderas, volará en el citado globo el Luquense Don Vicente Lunardi.* (Bravo Morata, F. 1966 págs. 93-94)

Parece que el globo subió hasta perderse y aterrizó aproximadamente una hora después en Daganzo, a unos 39 km. de la capital. Todo volvió, tras estas emociones a la normalidad... y continuó la vida.

PALACIO DEL CONDE DE TEPA (1792)

En 1792 Francisco Leandro de Viana conde de Tepa, encargó al arquitecto Jorge Juan la construcción de su palacio en Madrid. Parece que en la elaboración del proyecto también participó Juan de Villanueva (1739-1811). Unos años más tarde, en 1797 se concedió la licencia y el palacio fue concluido en 1808.

Durante el siglo XIX se convirtió en viviendas y a principios del siglo XXI se transformó en un hotel de la casa NH.

Palacio del conde de Tepa (1792-1808) (C/San Sebastián 2 esq. C/ Atocha)

Palacio del conde de Tepa (1792-1808) (Viajes de agua siglos XVII y XVIII) (C/San Sebastián 2 esq. C/ Atocha)

En su interior se encuentran bajo el suelo y protegidos por un cristal, viajes de agua de los siglos XVII y XVIII. Pregunten en la recepción del hotel.

REAL CASA DE POSTAS (1795-1800)

A finales del siglo XVIII la Real Casa de Correos construida por su predecesor, Carlos III, estaba desbordada. Carlos IV entonces decidió, para resolver el problema, ordenar al arquitecto Juan Pedro Arnal (1735-1805) la construcción de unas caballerizas para suministrar a la casa de correos diligencias tanto para los correos postales como para viajeros. Las obras fueron contratadas en 1795 y duraron cinco años, hasta 1800.

Real Casa de Postas (1795-1800) (Plaza de Pontejos 18)

En 1847 se añadió un nuevo piso al edificio y se convirtió el lugar en cuartel de la policía. En 1986 fue adquirido por la Comunidad de Madrid, pero se mantuvo vinculado a fines policiales hasta el año 2000.

PALACIO DE LA MARQUESA DE SONORA (1797-1828)

En 1763 Bernardo Grimaldo, III marqués de Grimaldo, compró un conglomerado de casas para construir su residencia. Encargó el trabajo al arquitecto José Serrano. Unos años más tarde en 1789 el edificio quedó arrasado por un incendio y pocos años después, en 1797 murió el marqués. Adquirió entonces las ruinas María de la Concepción Valenzuela marquesa de Sonora, quien inmediatamente encargo al arquitecto Evaristo del Castillo la reconstrucción y ampliación del antiguo palacio. La construcción se dilató muchos años, hasta 1828 cuando el palacio ya había pasado a ser propiedad de Prudencio de Guadalfajara duque de Castroterreño (1761-1855).

Fue pasando el palacio de mano en mano hasta que, en 1851 fue adquirido por el Estado ubicando allí el *Ministerio de Gracia y Justicia*. Durante el siglo XX ha sufrido diversas restauraciones; las torres, por ejemplo, son un añadido de los años cuarenta. De este ministerio sigue dependiendo este palacio hasta la fecha.

Palacio de la marquesa de Sonora (1797-1828) (C/San Bernardo 45)

DEPÓSITO HIDROGRÁFICO (1797)

A finales del reinado de Carlos III se dio carta blanca para crear el llamado Depósito Hidrográfico, una institución dedicada a almacenar y gestionar todo lo referente a hidrografía: cartas náuticas, derroteros, planos, cartografía etc. No fue, sin embargo, hasta 1797, reinando ya Carlos IV, cuando fue instituida como tal. En 1801 el rey encargó al arquitecto Manuel Martín Rodríguez (1751-1823), la construcción de

Depósito Hidrográfico (1801-1804) C/Alcalá 36

su futura y definitiva sede, edificio que fue concluido en 1804 y que está ubicado en la actual calle de Alcalá nº36. Poca duración tuvo esta institución pues en 1932 desapareció como tal.

ANTIGUA REAL CASA DEL VIDRIO (1798)

Desde la ya lejana, construcción en 1727 y puesta en funcionamiento de la *Real Fábrica de Cristales* de La Granja, la demanda de este tipo de productos no había hecho más que incrementarse. Carlos IV entonces mandó construir al arquitecto Manuel Martín Rodríguez (1751-1823) sobrino y discípulo de Ventura Rodríguez un gran lugar de almacenamiento de vidrios de la Granja en Madrid. Para aligerar el trabajo de la solemne institución hizo hincapié su majestad en que a este edificio se le dotara, además, de lugares de acabado final (azogado, grabado etc.). Este es el origen de la *Real Casa del Vidrio*

Real Fábrica de Vidrio (1798) (C/Marqués de Cubas 13)

que fue finalizada en 1798. Poco tiempo estuvo este edificio en uso pues el propio rey, dos años más tarde, en el año 1800 ordenó su traslado a la calle Alcalá.

El viejo almacén, pasó entonces a lo largo de los siglos por diferentes usos, propietarios y restauraciones. En la actualidad es la sede de dos instituciones: la *Real Academia de Jurisprudencia* y la *Escuela de Artes Aplicadas y Oficios Artísticos.*

CONVENTO DE LAS SALESAS NUEVAS (1798)

En 1792 María Luisa Centurión y Velasco marquesa de Villena y de Estepa solicitó permiso para fundar un convento para las religiosas de la Orden de la Visitación de Nuestra Señora, comunidad esta vinculada a los salesianos. Este nuevo convento estaría dedicado a la educación de las niñas de clase alta de la capital. Su aprobación no fue tan sencilla como cabría esperar, pero al final, el Síndico General la aprobó.

El lugar elegido para su construcción fueron unas casas propiedad de Ángel de Carvajal y Lancaster duque de Abrantes y Linares. Una vez adquiridas el proyecto de construcción del nuevo convento, que era esencialmente remodelar lo justo las casas para construir una iglesia y luego unificar el conjunto, fue encomendado a Manuel Bradi, por aquellas fechas, prolífico maestro de obras. Finalmente, el proyecto fue presentado en 1794 y aceptado por Juan de Villanueva (1739-1811). Las obras concluyeron en 1801.

Con la desamortización las monjas fueron exclaustradas y realojadas en el viejo convento de las Salesas Reales que, en su día, mandara construir el rey Fernando VI. Una vez desalojadas, en 1838, el edificio se convirtió en la sede de la Universidad Central y la iglesia en el Paraninfo. La congregación volvió en 1850 y la vida allí transcurrió sin excesivas alteraciones hasta la guerra civil.

Convento de las Salesas Nuevas (1798-1801) (C/San Bernardo 72)

Convento de las Salesas Nuevas (1798-1801) Interior (C/San Bernardo 72)

Convento de las Salesas Nuevas (1798-1801) Interior (C/San Bernardo 72)

Durante la guerra civil el lugar fue transformado en checa y su interior destrozado por completo. No es hasta principios de los 70 cuando se llevó a cabo la restauración del edificio. El 19 de abril de 2011 fue declarado el conjunto Bien Cultural de la Comunidad de Madrid.

De su interior cabe destacar el cuadro que adorna el altar mayor: una representación de los fundadores de la Orden de la Visitación, san Francisco de Sales (1567-1622) y santa Francisca de Freymot (1572-1641), pintada por Agustín Esteve (1753-1820) discípulo de Goya.

ERMITA DE SAN ANTONIO DE LA FLORIDA (1798)

En el conocido como Real Sitio de la Florida, propiedad de marqués de Castel Rodrigo, existían dos ermitas: una de 1720 que realizó José Benito de Churriguera (1665-1725) derribada en 1768

Ermita de San Antonio de la Florida (1798)
(Gta. De san Antonio de la Florida 5)

Ermita de San Antonio de la Florida (1798) (interior)
(Gta. De san Antonio de la Florida 5) Foto: Blanco.

para abrir la denominada Carretera de Castilla y una segunda de 1768 construida por Francesco Sabatini (1721-1797) a instancias de Carlos III derribada en 1792 para la remodelación de la ladera de la Montaña de Príncipe Pío.

Nada más derribarse esta última, en el mismo año de 1792, el rey Carlos IV compró los terrenos al marqués de Castel y encargó al arquitecto italiano Filippo Montana (1744-1800) la construcción de una nueva ermita y, ni más ni menos que, a Francisco de Goya y Lucientes (1746-1828) la decoración de su techo. En 1798 quedó acabada la estructura arquitectónica y en los últimos meses de ese mismo año Goya decoró el techo con ayuda de Asensio de Luján. Finalmente fue consagrada por el rey, una vez finalizada por completo, a san Antonio de Padua (1191-1231).

En 1808 se produjo el levantamiento del pueblo de Madrid contra las tropas francesas, comenzaba la guerra de la independencia. Allí muy cerca de la, prácticamente recién inaugurada, ermita fueron fusilados varios madrileños. Unos años más tarde, en 1881 la ermita se erigió como parroquia.

Dio comienzo el nuevo siglo. En 1905 se declaró al conjunto Monumento Nacional y en 1919 se trasladaron los restos de Goya, sin cabeza puesto que esta había sido utilizada para la realización de análisis frenológicos, a la ya flamante parroquia. En 1925 debido a la abundancia de visitantes y a los humos de las celebraciones religiosas las pinturas estaban deteriorándose. Se decidió entonces encargar al arquitecto Juan Moya e Idígoras (1867-1953) la construcción de una ermita gemela a su lado. En 1929 la ermita quedó concluida y allí se trasladaron todos los oficios religiosos.

A partir de entonces pasó la vieja ermita a depender de Patrimonio Nacional que en 1987 cedió su custodia al Ayuntamiento de Madrid.

CASA-PALACIO DE ANTONIO BARRADAS (1799)

En 1799 Antonio Severino Barradas y Baeza duque de Sedavi (1739-1821) teniente general e inspector general del arma de caballería con Carlos IV encargó al arquitecto Silvestre Pérez (1767-1825) su residencia en Madrid. Muy poco se sabe del devenir histórico de este edificio.

En la actualidad la planta baja está ocupada por un supermercado y cafeterías y la segunda planta es una residencia de estudiantes.

Casa-palacio de Antonio Severino Barradas (1799) (C/San Bernardo 63)

CÁRCEL ECLESIÁSTICA DE LA CORONA O CÁRCEL DE LA INQUISICIÓN (FINALES SIGLO XVIII)

Cárcel Eclesiástica o de la Corona (finales siglo XVIII) (C/ Cabeza esq. Lavapiés)

Desde finales del siglo XVIII, como mínimo, estuvo en la esquina de la calle Cabeza con Lavapiés una cárcel eclesiástica o de la corona. Poco sabemos de ella; sí se sabe que aquí estuvo prisionero un tal Matías Vinuesa, acusado de conspiración que fue linchado el cuatro de mayo de 1821 cuando una turba asaltó la propia cárcel buscándole.

Actualmente es un centro cultural, pero en su interior podemos contemplar los restos de unas cuantas celdas. Merece la pena entrar a verlas.

Cárcel Eclesiástica o de la Corona (finales siglo XVIII) (celdas) (C/ Cabeza esq. Lavapiés)

CABALLERIZAS REALES (FINALES SIGLO XVIII)

Van pasando los años del reinado. Las antiguas caballerizas reales, ubicadas en la actual plaza de la armería, no satisfacían al rey. Decidió entonces construir unas nuevas en algún momento a finales de su reinado. El proyecto se lo encargó a Francesco Sabatini (1721-1797). Se ubicaron en el lado opuesto, en los actuales jardines de Sabatini, eran de forma pentagonal irregular. El proyecto contemplaba la existencia de cuadras, cocheras, oficinas y habitaciones para un servicio de 486 trabajadores. La puerta principal se abrió por la actual calle Bailén.

Pasó el tiempo. Y llegó la guerra civil. Durante la contienda, concretamente en el año 1934, se derribaron las antiguas caballerizas reales para colocar los actuales jardines de Sabatini.

En la misma calle Bailén, muy cerca de la puerta de entrada a los jardines, hay un cristal en el suelo que permite observar los restos del muro de carga de las antiguas caballerizas reales.

Restos del muro de carga de las caballerizas reales (finales siglo XVIII)
(C/Bailén frente a las puertas de los jardines de Sabatini)

ALQUILER DE CARRUAJES POR HORAS / JERARQUIZACIÓN DE LOS PASEOS DE LA VILLA

Durante el reinado de Carlos IV se puso un funcionamiento en Madrid un nuevo sistema de transporte: el carruaje de alquiler por horas y trayectos concertados. Sin embargo, no podía pasear todo el mundo por donde le diera la gana. Se estableció una clasificación social de los *Paseos*: El *Paseo de Recoletos* estaba reservado a la gente de alta cuna, a clérigos importantes y a ancianos de rango. El *Paseo del Prado*, hasta los Jerónimos era alegre y juvenil, lugar de encuentros y, sobre todo lugar de cortejos y amoríos y, por último, el tercer gran paseo, el *Paseo de Atocha* se reservó a la gente de menor categoría social.

LOS CAFÉS

Desde los siglos XVI y XVII existían, muy vinculadas a los corrales de comedias las *alojerías*, lugares donde se consumía una bebida, *aloja*, compuesta de agua, miel y diversas especias. A lo largo del siglo XVIII surgieron las *botillerías*, lugares de consumo de helados, conservas y donde también se servía café. Pero a finales del siglo XVIII, durante el reinado de Carlo IV, hicieron su aparición los *Cafés*, que acabaron haciendo desaparecer tanto a las alojerías (entre 1835-1838) como a las botillerías (1846-48).

MOTÍN DE ARANJUEZ (1808)

Durante los días 18 y 19 de marzo de 1808 se desencadenó en Madrid una protesta social contra las políticas de Godoy, a la sazón, favorito del rey. El propio Godoy fue apresado y el rey, ya débil, decidió abdicar en su hijo Fernando (Fernando VII).

Napoleón Bonaparte, receloso de la continuidad de los borbones españoles animó a Carlos a que exigiese a su hijo de nuevo la corona. Tras una disputa entre ambos de la que el propio Napoleón fue árbitro, su hijo cedió y entregó de nuevo la corona a su padre sin saber que previamente Carlos había pactado su cesión al propio Napoleón que, a su vez, se la entregó a su hermano mayor José. Napoleón dispuso entonces el exilio de Carlos IV primero en Francia y luego en Italia. Con la Caída del emperador francés en 1814 el rey se trasladó al Palacio Berberini de Roma donde murió el 19 de enero de 1819. Con el reinado de José I (1808-1813) dio comienzo la turbulenta historia del siglo XIX español.

5

Otras obras del siglo xviii

PALACIO DEL CONDE DE TORRIJOS (SIGLO XVIII) (C/ MAGDALENA 17)

En algún momento de mediados del siglo xviii Ventura Rodríguez (1717-1785) restauró un antiguo edificio del siglo anterior que había

Palacio del Conde de Torrijos (siglo xviii) (C/ Magdalena 17)

sido un convento para la familia del conde de Torrijos. El edificio sufrió una nueva restauración en 1858.

FUENTE DE LOS PATOS (SIGLO XVIII) (PLAZA DE CIBELES)

Los cuatro patos son esculturas del siglo XVIII originariamente situadas en los jardines del Retiro, concretamente donde ahora está la escultura del general Martínez Campos. Fueron colocados en donde los contemplamos en la actualidad y convertidos en fuente por el arquitecto Manuel Herrero Palacios (1911-1992) en los años 60 del siglo XX.

Fuente de los Patos (siglo XVIII) (Plaza de Cibeles)

INSTITUTO LOPE DE VEGA (SIGLO XVIII) (C/ SAN BERNARDO 70)

Lo mandó construir el marqués de Castromonte en algún momento del siglo XVIII. Fue residencia de diversas casas nobiliarias hasta que desde principios del siglo XIX y hasta 1833 se convirtió en un monasterio. Unos años más tarde, en 1839 fue la sede de la Escuela Normal de Maestros. En 1933 se convirtió en el Instituto de Segunda Enseñanza Lope de Vega.

Instituto Lope de Vega (siglo XVIII) (C/ San Bernardo 70)

PALACIO BAUER (SIGLO XVIII) (C/SAN BERNARDO 49)

Fue construido en el siglo XVIII como residencia para los marqueses de Guadalcázar. En el siglo XIX lo compraron la familia de banqueros alemana Bauer. Encargaron los Bauer una serie de reformas al arquitecto y escultor Arturo Mélida y Alinari (1849-1902) manteniendo siempre su esencia barroca. Fue conocido en aquellos tiempos de los Bauer el lugar por los extraordinarios conciertos que se daban en su salón de música.

Palacio Bauer (siglo XVIII) (C/San Bernardo 49)

En 1942 lo adquirió el Estado y desde entonces nunca perdió su ambiente musical: fue primero sede del *Real Conservatorio de Música y Declamación*, después, en 1952 de la *Escuela de Arte Dramático y Danza* y después, desde 1970, de la *Escuela de Canto.* En 1972 fue declarado monumento histórico-artístico.

PALACIO DE LA CALLE AMOR DE DIOS 1 ESQ. HUERTAS (SIGLO XVIII)

Palacio de la calle Amor de Dios 1 esq. Huertas (siglo XVIII)

CASA-PALACIO DEL CONDE DE MIRANDA (SIGLO XVIII) (PLAZA DEL CONDE DE MIRANDA)

6

Conclusiones

PLANO DE LA VILLA Y CORTE DE MADRID (1800)

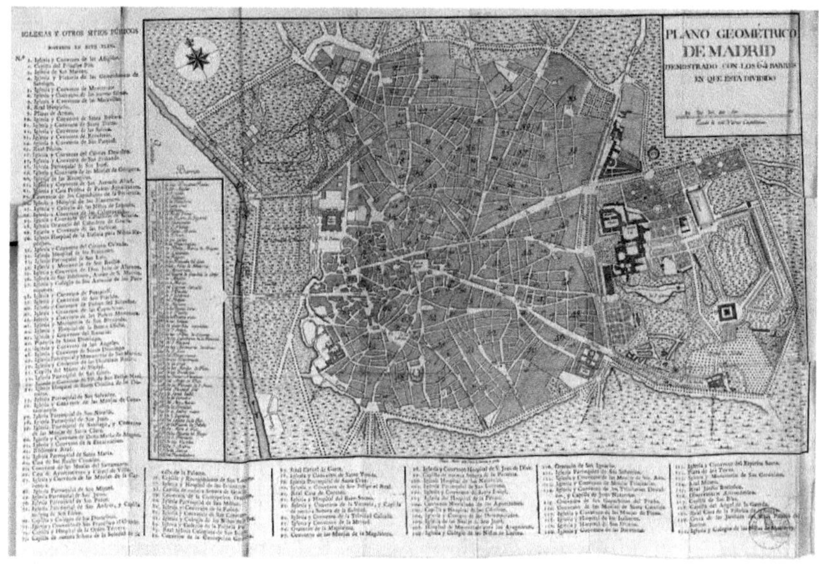

Plano de la villa y corte de Madrid (1800)

En 1800 se publica un libro sobre de la ciudad con muchísima información variopinta sobre ella. Viene acompañado dicho libro con un plano excepcional. Es un excelente colofón para nuestros propósitos así pues, recogemos literalmente algunos fragmentos del mismo:

Título y autores
Plano de la villa y corte de Madrid (1800)

En sesenta y cuatro láminas, que demuestran otros tantos barrios en que está dividida; con los nombres de todas sus plazuelas y calles y números de las manzanas, y casas que comprehenden cada uno; con otras curiosidades útiles a los naturales y forasteros.

Por D. Fausto Martínez de la Torre y D. Josef Asensio

Madrid. En la imprenta de Don Joseph Doblado. 1800 (Martínez de la Torre, F. y Asensio, J. (1800) pág. 1)

Descripción del escudo de Madrid y número de habitantes
Las armas de esta villa son un escudo coronado, su campo de plata, y en él un árbol de madroños con una osa empinante al tronco; orla azul con siete estrellas de plata. Se calcula en ciento sesenta mil almas la población de su recinto, sin incluir en estas las comunidades, religiosas, párvulos, tropa, hospitales, cárceles y transeúntes. (Idem. Pág. 8)

Queda la ciudad dividida, según el libro, en ocho cuarteles de ocho barrios cada uno (ver *Reforma urbanística (1770)*). El número total de entidades e instituciones existentes lo hemos resumido de la siguiente manera: **1.** Plazas y Plazuelas: 86, **2.** Calles: 491, **3.** Parroquias: 21, **4.** Conventos religiosos: 37, **5.** Conventos de religiosas: 32, **6.** Colegios niños: 9, **7.** Colegios niñas: 8, **8.** Iglesias y oratorios: 13, **9.** Ermitas: 10 (seis urbanas y cuatro en el Retiro), **10.** Hospitales: 20, **11.** Consejos y tribunales: 11, **12.** Casas de piedad: 2, **13.** Cárceles y reclusiones: 9, **14.** Palcios reales: 44, **15.** Puertas reales de registro:

6, **16.** Portillos: 8, **17.** Fuentes públicas y particulares: *Setecientas fuentes de agua dulce, que surten a esta villa de Madrid, sin contar las construidas para adorno de los paseos públicos, y otras varias por ser de agua más gruesa* (no potable) *están destinadas para caballerías y otros usos* (Idem págs. 114-115).

Bibliografía

AA.VV. *Palacio de Liria.* Ed. Fundación casa de Alba. / Ed. P&M Madrid (2019) 95 págs.

— IV *Centenario de la Plaza mayor. Ciclo de conferencias*, C.S.I.C. Madrid (2018) 350 págs.

— *Una historia del Museo Nacional de Ciencias Naturales*, Ed- Doce Calles, Madrid (2021).

— *Jardín Botánico de Madrid. Un paseo guiado.* Ed.Colegio Oficial de Biólogos de Madrid / Ibersaf. Madrid (2004) 300 págs.

AMO, M. DEL *Historia mínima de Madrid*, ed. Avapiés Madrid (1998) 160 págs.

ANCLARES G. DE. *Leyendas de Madrid*, M.E. ed. Madrid (1995) 127 págs.

ARDEMANS, T. *Ordenanzas de Madrid (1719) / Bando de Incendios (1790).* Edición facsimilar de 1830. Ed. Maxtor, Valladolid (2005) 162 págs.

AZORÍN, F. *Leyendas y anécdotas del viejo Madrid vols. I y II*, ed. Avapiés (1992 / 1993) 162 / 171 págs.

— *Leyendas y anécdotas del viejo Madrid vol. III*, ed. Avapiés / La Librería Madrid (2008) 140 págs.

BRAVO MORATA, F. *Historia de Madrid 1 del año cero a Fernando VI.* Madrid (1966) 220 págs.

— *Historia de Madrid 2de Carlos III a la Primera República.* Madrid (1966) 226 págs.

CORRAL, J. DEL *El Madrid de los Borbones.* Ed, La Librería, Madrid (1985) 167 págs.

CRUZ YABAR, M.T. Los palacios de los duques de Medinaceli en el entorno del paseo del Prado durante el siglo XVIII. *Archivo Español de Arte XCIV, 376 octubre-diciembre 2021.* Págs. 387-406.

DOMÍNGUEZ ALCOCER, M. *El retiro. Todos sus monumentos*, Turpin ed. Madrid (2013).

DURÁN CERMEÑO, C. *Jardines del Bien Retiro*, ed. Doce calles / Ayto. Madrid (2002) 205 págs.

ELLIOTT, J.H. *El atlántico español y el atlántico luso. Divergencias y convergencias,* ed. Cabildo de Gran Canaria, Las Palmas de Gran Canaria (2014) 52 págs.

FERNÁNDEZ, L. *Paseos por el Madrid de los Borbones.* Ed. La Librería, Madrid (2018) 503 págs.

GARCÍA DEL MORAL, M. *Secretos de Madrid*, ed. La Librería Madrid (2013) 273 págs.

— *Secretos de Madrid 2*, ed. La Librería Madrid (2017) 335 págs.

GARCÍA GUTIÉRREZ, P.F. y MARTÍNEZ CARBAJO, A.F. *Iglesias de Madrid*, ed. Avapiés Madrid (1994) 549 págs.

— *Fuentes de Madrid.* Ed. La Librería Madrid 258 págs.

GEA ORTIGAS, M.I. *Curiosidades y anécdotas de Madrid* ed. La Librería Madrid (1993) 189 págs.

— *Los porqués de Madrid*, ed. La Librería Madrid (2005) 95 págs.

GÓMEZ, M. *Real Pósito de la Villa de Madrid*, Archivo de internet.

GRANADOS HERREROS, M. *El salón del Prado patrimonio de la humanidad. Su evolución desde el siglo XV hasta hoy.* Ed. La Librería Madrid (2022) 150 págs.

GUERRERO FERNÁNDEZ, A. Primeras luces de Madrid.*Acta Autores científicos y académicos (pags.21-27)* Archivo de internet.

HAM, A. *Madrid Guía LonelyPlanet*, ed.Geoplaneta, Barcelona (2019) 247 págs.

IBÁÑEZ, P.E. *San Francisco el Grande en la historia y en el arte.* Ed. Edicel C.B.C. Madrid (2005) 121 págs.

LÓPEZ, T. *Descripción de la provincia de Madrid* (1761), ed. Maxtor Valladolid (2008).

López Arroyo, M. *El Real Observatorio Astronómico de Madrid (1785-1975).* Ed. Ministerio de Fomento (2004) 501 págs.

López Sancho, L.*Madrid*, ed. Everest, León (1971) 238 págs.

Madrid Histórico, Archivo de Internet.

Marín Perellón, J. *Planimetría general de Madrid y visita general de casas, 1750-1751.* Archivo de internet.

Martínez de la Torre, F. y Asensio, J. *Plano de la villa y corte de Madrid (1800)* (facsímil), ed. Asociación de libreros de lance, Madrid (1999) 115 págs / 64 planos.

Martínez Medina, A. *Palacios madrileños del siglo XVIII.* Ed. La Librería Madrid (1997) 188 págs.

Mesoneros Romanos, R. de *Manual de Madrid descripción de la villa y corte(1831)*, ed. Maxtor Valladolid (2009) 360 / 111 págs.

— *El antiguo Madrid*, Trigo ed. Madrid (1995) 392 págs.

Río López, A. del *Plaza Mayor de Madrid cuatrocientos años de historia.* Ed. La Librería Madrid (2016) 360 págs.

Roldán Calzado, J.L. *Historia de la Casa de campo*, ed. Temporae, Madrid (2017) 309 págs.

Répide, P. de *Las calles de Madrid,* ed. La Librería, Madrid (2018) 805 págs.

Tiemblo Magro, A. *Guía de Madrid I (siglos XI-XVIII)*, ed. Innova Madrid(1998) 143 págs.

Vaca de Osma, J.A. *Nueva historia de Madrid*, ed. Espasa Madrid (2007) 476 págs.

Villaverde, A. / Moll, L.M. *Madrid. Rutas por sus iglesias y monasterios*, ed. Dulcinea Madrid (2013) 294 págs.

Wikipedia Archivo de Internet